圈子·段子之
职场红楼

《红楼梦》里的公司人智慧

沈威风 ◎ 著

西南财经大学出版社
Southwestern University of Finance & Economics Press

图书在版编目（CIP）数据

职场红楼：《红楼梦》里的公司人智慧／沈威风著. —成都：
西南财经大学出版社，2014.5
ISBN 978-7-5504-1366-5

I.①职… Ⅱ.①沈… Ⅲ.①心理交往—通俗通物
Ⅳ.①C912.1-49

中国版本图书馆CIP数据核字（2014）第063432号

职场红楼：《红楼梦》里的公司人智慧

沈威风　著

责任编辑：冯　梅
助理编辑：林　伶
特约编辑：王云强
封面设计：李尘工作室
责任印制：封俊川

出版发行	西南财经大学出版社（四川省成都市光华村街55号）
网　　址	http：//www.bookcj.com
电子邮件	bookcj@foxmail.com
邮政编码	610074
电　　话	028-87353785　87352368
印　　刷	北京合众协力印刷有限公司
成品尺寸	145mm×210mm
印　　张	8.5
字　　数	165千字
版　　次	2014年5月第1版
印　　次	2014年5月第1次印刷
书　　号	ISBN 978-7-5504-1366-5
定　　价	30.00元

目　录

自序

1 ┃ 成全别人，还得照顾好自己

前言

1 ┃ 为什么要从《红楼梦》中学管理？

第一章

那些吃斋念佛的老板们

2 ┃ 贾府的"一把手"贾母

6 ┃ 贾母的管理完美吗？

17 ┃ 居安思危的贾政

20 ┃ "一人之上，万人之下"的王夫人

22 ┃ 深谋远虑的秦可卿

26 ┃ 被埋没的管理人才李纨

1

第二章

当家对与错

30　贾府的大管家王熙凤

32　授权的艺术

39　林黛玉没有领导力

44　林氏行为艺术

47　贾环害死林妹妹

51　谁是凤姐的敌人?

54　凤蓉姐弟恋

58　贾瑞 VS 贾蔷

61　焦大是个有功劳的人

63　傻大姐的巨大杀伤力

65　修成正果的茗烟

69　铁槛寺弄权杀人案

72　乌眼鸡与假清高

76　利是是身份的象征

80　老太太偏心眼

第三章

努力和选择同样重要

84	可叹停机德
89	好人缘是孤僻者的通行证
93	角门紧闭的姿态
96	办公室里好多树
100	陪老太太斗骨牌
104	朋友是用来背叛的
107	不同阶段，需要不同的领导人
109	选择一个好平台
113	"搞把大的"
117	你会说自己是烧糊了的卷子吗？
120	赢了世界输了什么？
124	树挪死，人不挪不活

第四章

在大观园要混得好的几个关键词

128	敬业
131	智商不高不要紧
136	情商越高越好

138 和上司的距离需要多远？

141 忠诚不可或缺

143 老板是用来狐假虎威的

146 多加二两银子的月钱

150 加工资也要看缘分

154 老板心中一杯茶

157 旺地旺市无定论

158 老虎不发威，莫当它是病猫

161 找一个带头大哥

164 鸡蛋碰石头

167 使小巧借刀炒人

171 一讲钱就俗了

173 雪中送炭和锦上添花

176 求人的学问

第五章

做人丫头真辛苦

180 人生不如意

184 一入职场终生误

187 爱她，不要宠她

190 及乌的爱屋

193　｜　陪跑直到花事了

195　｜　谁是谁的秘书

197　｜　恩恩相报何时了

200　｜　假如我是雪雁

202　｜　论香菱的不识时务

205　｜　也说袭人之改嫁

第六章

闲人满地走

210　｜　花无百日红，人无百岁长

213　｜　OFFICE防"羊"术

217　｜　人力负资产

222　｜　多少风流，多少折堕

225　｜　革命就要请客吃饭

228　｜　企业文化有没有诚意？

230　｜　人分三六九等

232　｜　黄浦江边喝鸡汤

235　｜　老板替下属背黑锅

238　｜　奶对了孩子喂饱了娘

241　｜　没有最讨厌，只有更讨厌

244　｜　先前曾经阔过的

自序

成全别人，还得照顾好自己

时隔8年，《职场金庸》与《职场红楼》两本书，终于完成更新版本。看着即将付印的定稿，难免百感交集。

2000年至今，奥巴马的Change（变革）貌似不明显，而本人的变化却很明显——由体制内大报投奔了专业财经报，又到主流商业杂志，后来彻底转行加入互联网企业，2014年又去了正处于风口浪尖的移动互联网公司；身处的城市也由广州至深圳，再转战北美，最后又回归求学之地北京。

这期间，最大感触来自因为工作关系接触的企业家——由年轻的互联网新贵到传统的世界五百强豪门掌门人，再到一系列民企财富英雄传说中的土豪，他们各有各的精彩，各有各的演技。而本人由在台下看戏，到在台上演戏，再到在后面策划一台大戏，倒也收获颇丰。耳闻目睹各路奇人的传奇故事直接走出戏外，看得更加真切。

十几年中，经济狂飙，各路风流人物撒开了欢儿抢头条。冷眼旁观表演者的身段、造型，再念及幕后花絮，让人忍俊不禁。这正是本书所属"圈子·段子"系列的宣传主题语：读财富看传奇，把正经事当娱乐看。看公司人"普大喜奔"，少不了"人艰不拆"。

因青少年时期曾经反反复复地读《红楼梦》以及金庸小说，2004年一时兴起，在亲友团的怂恿下完成了两本书，其实也是在北美信手拈来，两三个月就完稿了。但是这几年来，不断有读者来信给予关注和好评，我欣慰之余也感惭愧，觉得还能写得更好。事实上，这两本书能够一直获得读者认可，还是得益于《红楼梦》及金庸小说在读者心中的地位，这使我有足够的发挥空间，和读者分享一些心得。

《红楼梦》是千古名著，金大师乃武侠巨匠，影响了一代又一代读者。作者在讲述曲折离奇的情节的同时，又绘声绘色地展现了中国人特有的思维方式与处事手段，而十多年来在商业领域一线的体验，则让我每每感触万千，所以，两者结合在一起，就有了这两本书的持续更新。其中，很多是我的读者、同事以及客户给予我的灵感。

这次的《职场金庸》新版本，更新的主要是商业案例与企业人物，而原版之中的对于金庸笔下人物的评价与观点，依然成立，所以没有变化。张无忌确实还是一个失败的领导者，他拥有很多资源，但因为性格问题，无法胜任创始人的角色，来回折腾，对于团队与事业都没能安排好，最后黯然退出。这个结局让人想起新浪创始人王志东，甚至是已经边缘化了的雅虎"生父"杨致远。萧峰曾经是超级CEO，然而能力超强的他，却始终无法平衡身边的两种力量，最后在矛盾中毁灭了自己。这是一个哈姆雷特式的中国式管理者，在越大的国企之中越常见。至于黄蓉，现在看来，她就是一个东海土豪家里的富二代，第一次出门就看中了老实但是背景深厚的官二代郭靖，然后她又牢牢地结交了公司江湖之中品牌强大、被奉为"德艺双馨"的洪七公，最后不可思议但又相当轻松地在天下第一大集团丐帮接班……黄蓉在这一系列关键时刻的处理与拿捏艺术，都是非常有价值的方法论。同样是富二代，陈家洛的成就则大不如黄蓉。金庸在两部小说中都对两人的言行、际遇进行了具体描写，详细铺陈了两人的选择，这样读者对不同的结果接受起来也很容易。

　　金庸笔下最让人瞠目结舌的人物是反英雄的韦小宝。此人的言行看上去背离了大部分中国传统价值观——他主要靠对人性敏锐的触觉而到处拉关系，搞整合，最后偏偏还能左右逢源，但是细细想来，此人小处随便，大节不亏。他做人处事，是立足于"义气"二字，是中国历史上的草根阶层代表。他只知有家，不知有国，只关注小团体利益，对于宏大叙事完全没有感觉。要讲忠，韦小宝说不上，但是所谓"仗义每多屠狗辈"，他花大力气维护与朋友或者说熟人之间的关系，在今天看来，这样一个"纯粹"的"自私者"，反而是市场经济的典型角色。他主观上为自己，然而盗亦有道，客观上也有利于他人，反而能够在社会有所作为。金庸塑造的这些人物，在今天的商业社会之中，还是非常有典型意义，值得大家想深一层，心领神会。

这次的《职场红楼》修改篇幅比较大。原来的内容缩减成为下半部分，删减的是原来小说的相关情节，增加的上半部分，是我在不同场合的讲座内容。

历来一说《红楼梦》，大家首先想到的是它是一本爱情小说，而且是写得相当动人的爱情小说。但是如果再看深一层，《红楼梦》其实是本世情小说，它是以社会现实为主，以家庭生活为题材，刻画种种世态人情的小说，爱情是里面的一个重要部分，但是肯定不是全部。如果我们只是把目光局限在贾宝玉、林黛玉和薛宝钗三人的爱情纠葛上面，那就太浪费了。贾宝玉不爱薛宝钗，爱林黛玉，但是最后却娶了薛宝钗而没有娶成林黛玉，从爱情关系来看很别扭，但是如果把这件事放到整个家族、整个年代、整个社会的背景下来看，反而很能理解当家人史太君的选择了。家族企业和政府一样，都是以利益为先，以长期的生存发展为主要目的，所以贾宝玉娶媳妇不仅仅是他个人的终身大事这么简单，他的媳妇会成为下一任贾府的内务领导者、当家人，这是一个培养大集团接班人的大问题。

传说之中本书的作者是曹雪芹，他生平坎坷，但是他的过人之处在于他非常洞察人性，还能用文学形式鲜明地表现出来。这本世情小说描述的多是普通人物，这些人不是京戏里面的帝王将相、大英雄、大圣贤，更不是扭转时局的超人，而都是大家平常都看得见、摸得着的栩栩如生的正常人。世情小说里没有那么多惊天动地的大事，也没有那些丰功伟业——即使是皇帝的恩宠以及家庭大变，也都是虚写为主——大多数时候，它写的是正常状态的人生。这类作品若不贴近真实生活，人们很容易觉出它假来。世情小说中的人物，就是生活在我们身边的人，每个人身上都是有优点也有缺点的。《红楼梦》里的人物为什么性格鲜明，打动人心？为什么这么多读者几百年来那么欣赏乃至崇拜曹雪芹？因为他敢把每一个美女都写出缺点，而且这些缺点还挺明显。

《红楼梦》中，以宁国府和荣国府为中心形成了一个非常具有代表性的小社会大公司。人物关系主要是有两种，一种是亲缘关系，以贾宝玉为例子，他跟贾母是祖孙关系，跟贾政是父子关系，跟王夫人是母子关系，他还有一个姐姐叫元春，有个哥哥叫贾珠，已经死了，有一个寡嫂，有一个妹妹叫探春，有一个赵姨娘生的亲弟弟叫贾环，其他的人有他的堂姐、表姐，薛宝钗和林黛玉都是他的表姐，贾琏是他的堂兄，贾琏其实跟他的血缘关系挺远的，但是因为宁国府和荣国府都比较富贵，一般读者感觉他们两家关系比较近，实际上仔细看的话，两家的亲缘都基本快出五服了；第二种是社会关系，小说设定的结构里，高高在上的肯定是皇帝，皇帝下面有王爷——小说里面曾经出现过北静王、南安王、忠顺王。贾政和皇帝之间是君臣关系，贾政身边又养了一群清客——詹光和卜世人这群名字很古怪的下属。贾宝玉身边围着一大群丫鬟和小厮，整个家还需要有管家、丫鬟，还有一些做杂事的嬷嬷。这几百号人之间有严格的等级制度，也有互相横向发生联系的时候，所以他们也有一套行之有效的管理方式，可能不比今天一家大集团公司里的关系更加简单，因此，研究他们之间的关系，以及他们怎么对待上级和对待下级，对于今天的读者来说是很有趣的事情。

惠能和尚说："迷时师度，悟了自度。"人生本是一出戏，感觉到的东西我们不能理解它，而理解了的东西才能更深刻地感觉它。2014年，绝大多数城市白领都是公司人，静观前人的世故和老练、英明和圆滑，会心一笑之余，看护好自己的"奶酪"，点清楚自己职业棋局的筹码，尤其是找到适合自己的位置与路径，更为必要。

这两本书新版本的推出，就是与各位分享其中的心得。移动互联网时代，希望更多的朋友，用各种方式一起来互动交流金庸小说与《红楼梦》的点点体验。

沈威风于2014年5月

前言　为什么要从《红楼梦》中学管理？

《红楼梦》不同于一般的爱情小说

小时候，我们一直都把《红楼梦》当作爱情小说来看。因为我们首先被贾宝玉、林黛玉和薛宝钗之间的三角爱情所吸引。我不知道大家有没有看过20世纪五六十年代在上海拍摄的《红楼梦》电影。这版《红楼梦》其实就是把整部小说里关于爱情的部分摘了出来。我记得第一出戏就是林黛玉进贾府，然后便是甄士隐识通灵、宝黛共读《西厢记》、黛玉葬花等。接下来是调包记，最后是宝玉哭灵。这部电影时长约两小时。在如此短的时间里，把他们整个爱情脉络全部浓缩到了一部电影中。电影非常经典，用简短的语言来概括就是贾宝玉和林黛玉相爱了。

可是贾宝玉还有一个健康美丽又富有的表姐薛宝钗，封建家长们因为种种原因，最后把薛宝钗嫁给了贾宝玉，而林黛玉死了，贾宝玉出家。剧情非常简单。

但是，如果一部电影只用了两个小时，就能够把数百万字的小说精华都浓缩在一起，那么电影中没有体现出的东西就是我们所说的世情小说了。

什么是世情小说

世情小说其实是以社会现实生活为主，以家庭生活为题材，刻画种种世态人情的小说。这种小说的代表作首先是《金瓶梅》。我曾经几次试图去看《金瓶梅》，结果每次都被"少儿不宜"的情节吸引了注意力，再也看不到世情的东西。所以，我觉得这本书不是16岁以下不宜看，而是60岁以下都不宜看。不过据说《金瓶梅》的出现，在中国文学史上是一件开天辟地的大事，对于世情小说这个门类来说，更是承上启下的里程碑式的作品。

为什么呢？因为它除了用一些很极端的笔法描写人的欲望膨胀以及这种膨胀所带来的毁灭之外，还用了更多的笔墨描写了当时社会真实的一面，更描写了在当时的社会环境下，一个家族内部妻妾之间极其惨烈的争斗以及西门庆和他的"狐朋狗友"在外面的经济活动。这些真实的描写，是很有价值的。那个时代单纯描写爱情的琼瑶式小说有没有呢？有，而且很多，我推荐一本叫《平山冷燕》的书，这是本纯粹的才子佳人小说，通俗易懂，很适合闲暇时间阅读。

《金瓶梅》的出现，对《红楼梦》的写作影响巨大。把这两本书放在一起说，很多人可能会觉得很难接受。因为一本描写的是淫荡丑恶的世界，而另一本却描绘了一个像世外桃源一样美好的少男少女的初恋情怀。这二者有可比性吗？其实是有的，因为这两本书都具备世情小说的许多共同特点。

1. 情节以真取胜

小说当然要讲究情节的曲折，情节不曲折就很难吸引读者了。但是曲折要有度，像《西游记》这样的神话小说，可以天马行空，作者想怎么编就怎么编。但是世情小说不可以，它首先要真，要以真取胜。因为世情小说叙写的是现实社会、世俗社会里发生的故事。这些故事必须是在真实的社会里符合逻辑的、有可能发生的事。孙悟空一跟头能翻到十万八千里之外，这是不可能的。张飞在长坂坡一声大喝，把对方武将吓得肝胆俱裂、摔下马，这也是不可能的。但是李瓶儿跟西门庆私通、谋害亲夫又带着家产嫁给西门庆做妾，这种事在现实中是有可能的。李瓶儿生了个儿子，潘金莲很嫉妒，放只猫把李瓶儿的儿子吓死了，这事也是有可能的。如果说《金瓶梅》里的故事还稍显夸张，那么《红楼梦》里发生的故事，就显得真实了。

王熙凤为了5 000两银子，拆散了一对婚姻，把姑娘逼得自杀了。贾赦想要一个叫石呆子的文人手里的10把古扇，就把人逼得家破人亡……这些事情在当时的社会背景中，都是很常见而且非常真实的。

2. 人物

世情小说叙写的是普普通通的人物。这些人不是英雄、圣贤，更不是超人，都是大家平常生活中看得见的。如果作品不贴近真实生活，人们很容易感觉得到它的假。世情小说却没有太多惊天动地的大事，也没有那些丰功伟业，它们叙写的是平凡的人生。世情小说中的人物，就是生活在我们身边的人，每个人身上都是有优点也有缺点的。《红楼梦》里的人物为什么性格鲜明、打动人心？因为曹雪芹敢把每一个美女的缺点都写出来，而且每个人的缺点都不小。

前几天有人问我，《红楼梦》里你喜欢谁？这是个老问题，我都回答了无数遍了，所以我就敷衍她说，谁都不喜欢。结果这个朋友很执着地非要追着问，为什么？我只好回答说，林黛玉多愁善感，薛宝钗太假，王熙凤太毒……你看，这些古往今来中国文学史上塑造得最鲜明的人物形象，他们的特点，用我们最熟悉的一些形容词就能够概括。你想想，在我们周围，这些类型的人多不多？工作中，运气好隔三差五就见一个，运气不好简直就被这样的人包围着。所以，世情小说里的人物性格的描摹，是最贴近我们生活的。

《红楼梦》可以从许多角度看

因为《红楼梦》是世情小说,所以它虽然只是一部小说,可是我们后人看它的时候,就能看出无数的角度来,这也是因为它所涵括的内容非常广泛。像我前面提到的《平山冷燕》,在明清才子佳人小说里也算得上是一部不错的作品了,可是研究它的人不多,甚至大部分人连书名都没有听说过。这是为什么?是因为它的内容没有厚度和深度。

而《红楼梦》从不同角度看,都是那么深邃。

从民俗、服饰、医学角度……

像世情小说所表现的内容,比如当时的民俗习惯,当时的人怎么过春节、元宵、端午等传统节日?怎么结婚、怎么下葬、怎么吃东西?曾经有一个朋友问我:"现在的人做菜好吃,还是古代人做得好吃?"我并没有直接给出答案,只是觉得中国其实有很多行业在漫长的历史发展过程中都已经消失了,或者是说这个手艺都失传了,就像现在很流行的陶瓷器物。

据说这些瓷器的制作手段很多都是古代流传下来的。但是我觉得无论是什么时候,人都是要吃饭的。虽然古代的菜没有污染,是纯天然的,但是,我还是相信人在追求精益求精、追求生活舒适的时候,一定要把烹制菜肴这门手艺发扬光大。

还有人研究《红楼梦》里的衣服和首饰。曹雪芹在一开篇的时候就说过，不知道是某一朝、某一代，所以书上讲的服装和样式也不一定就和史实相吻合。比如在李少红执导的新版《红楼梦》电视剧中，贾宝玉刚出场的时候，他满头辫的都是小辫子，这种打扮有点满清的风格，真实性并不可靠。1987年拍摄的电视剧《红楼梦》比较好，因为这个版本中的服饰是著名文学家、民俗专家和服装专家沈红文先生给他们做的，所以现在看起来也非常漂亮。

　　也有人研究《红楼梦》中的实物。比如，有一次在栊雪庵，萍儿的镯子被人偷了，她说了一句："二奶奶说这个镯子叫虾须镯。"我们可能看到这个名字没有任何的想法，觉得它只是一个名字罢了。可是当时的人随口说的话中提到的实物在几百年之后就可能会成为一个历史文物。就好像我们现在的一部小说中，写到某人拿出手机打了一个电话，可能500年之后就有历史学家考证手机到底是什么东西。据说虾须镯的形状像虾前面的须，特别细，是用金子打造而成的。其实这么细的金子并不值钱。

《红楼梦》中的职场智慧

　　前面讲了这么多，其实是为了说明《红楼梦》不完全是一部爱情小说，如果我们只是把目光局限在贾宝玉、林黛玉和薛宝钗三人的爱情上理解这本书就太局限了。贾宝玉爱林黛玉，不爱薛宝钗，但是最后娶了薛宝钗而没有娶林黛玉。从爱情关系来看很简单，但是如果把目光放大到整个家族和当时的社会背景来看，家族企业和政府一样都是以利益为先，要以长期的生存发展作为主要目的。所以，给贾宝玉娶媳妇不仅仅是宝玉个人的终身大事这么简单，因为他的媳妇会成为下一任贾府的领导者，这就涉及培养接班人的问题了。

这个接班人可不得了，《红楼梦》里的人物关系太庞杂了。要理顺这些人之间的关系，并能够行之有效地管理，这就是一门艺术了。

我有一个朋友，也曾经写过不少经管书，管理的道理他讲起来头头是道。他办了一家小公司，公司的规模很小：只有大股东一名，总经理一名，副总经理两名，还有两位姑娘做业务员。所以，归我朋友管理的，在一段时间里只有这两位姑娘。那时候，他每天都很痛苦，每天都觉得管理真的很难，他觉得自己永远都不能让这两位姑娘按照他想的方向去办事。因为他交给这两位姑娘办的每一件事，虽然完成了，但都不是十分让人满意。他说的话，这两位姑娘回答的时候总是这样的：好的，不过……好的，可是……

管两个人就这么难了，四五个人的小团队，关系就已经很复杂了，而《红楼梦》里有多少人？

什么叫世态人情？世态就是众生相，人情就是人际关系，中国人的特点往往都表现在人际关系上。而且这些古代的大家族人口非常多。《红楼梦》里仅有名有姓的人就有400多个。所以，曹雪芹对贾府的设定，基本上还是封建王朝中一个相对位居"二线"的贵族。在贾府上面还有亲王，亲王上面还有皇帝等。因此，我觉得现在的电影导演并不可靠。张艺谋曾经导演过一部电影——《满城尽带黄金甲》，在这部电影里，皇帝只有一个老婆，三个儿子。而三个儿子都离世了，他的皇位就没有人继承了。我觉得这是这部电影最不可靠的地方。还有电影《夜宴》，在这部电影中，老皇帝只有一个弟弟，也就是厉帝。厉帝好不容易篡权，还要连别人老婆、孩子都一手接过来，自己连老婆和孩子都没有。作为一国之君，这显然不符合现实。自古以来，中国大家族的人口是非常庞大的，因此，我建议这些大导演们来看看《红楼梦》。

《红楼梦》中的人物关系，以宁国府和荣国府两个府为中心，形成了一个非常具有代表性的小社会、大公司。人物关系主要有两种，一种是亲缘关系，以贾宝玉为例，他和贾母是祖孙关系，和贾政是父子关系，和王夫人是母子关系。他有一个姐姐叫元春，有个哥哥叫贾珠，还有妹妹探春、弟弟贾环等。薛宝钗和林黛玉都是他的表姐妹，贾琏是贾宝玉的堂兄。如果是从社会上关系来讲，高高在上的肯定是皇帝，皇帝下面有王爷，像在小说里面曾经出现的有北静王、南安王、忠顺王、还有一个已经死了的忠义清王。按照刘心武先生的推断来说，这个忠义清王应该是康熙的废太子，但是我对他的推论不太相信。还有贾政和皇帝之间的关系，肯定是君臣了，贾政身边养了一群清客，起了两个很古怪的名字叫詹光和卜世人。贾宝玉身边围着一大群的丫鬟和小厮，要管理整个家还需要有管家、丫鬟，他们每人又都配有一些做杂事的嬷嬷。

像这些人之间的关系，有严格的等级制度，也有一套行之有效的管理方式，可能比我们现在一家大公司里的人物关系都复杂。所以研究他们之间的关系和他们之间如何对待上级和下级，对于今天职场中的我们是很有借鉴意义的。

第一章

那些吃斋念佛的老板们

贾府的"一把手"贾母

　　贾母是史侯家的小姐，老荣国公贾代善的老婆，贾赦、贾政、贾敏的妈，贾家老字辈中硕果仅存的一个。在家里地位极高，一言九鼎。不过她面目慈祥，溺爱孙子、孙女，偶尔骂骂儿子媳妇，喜欢热闹，喜欢吃甜食，年轻时候据说很能干，爱干家务，比著名的凤姐还厉害。不过后来只是一味享福，听凤姐的奉承话。至于她心里到底明白不明白，我猜她是明白的。不过不说出来才是老政治家的风范。

　　贾母相当于贾府的皇帝，气派最大的也只有她。元宵节的晚上，宁、荣二府一起联欢，林之孝之妻带了六个媳妇，抬了三张炕桌，每一张上搭着一条红毡，毡上放着选净一般大新出局的铜钱，用大红彩绳串着，每二人搭一张，共三张。林之孝家指示将那两张摆至薛姨妈、李婶的席下，将一张送至贾母榻下来。单等老太太说一个"赏"字，早有三个媳妇已经预备下簸箩，听见一个"赏"字，走上去向桌上的散钱堆内，每人便撮了一簸箩，走出来向戏台说："老祖宗、姨太太，亲家太太赏文豹买果子吃的！"说着，向台上便一撒，只听满台的钱响。贾珍、贾琏已命小厮们抬了大簸箩的钱来，暗暗地预备在那里。听见贾母一赏，他们也忙命小厮们快撒钱。只听满台钱响，贾母大悦。——换谁不乐呢？当然前提是要是一个不心疼那点钱的主。

不过贾母作为高高在上的宁荣集团联席董事会董事长，就像我原来公司的老板一样，很慈祥，很有礼貌，从来没有打骂过我（当然，我还没有到能让他打骂的地步），偶尔在电梯里碰到，他还会微笑地回忆起我第一天进公司的样子，当时我受宠若惊。后来我的顶头上司经常为这为那挑我的不是，或者故意遗忘我的存在的时候，我总会回忆起电梯里这感人的一幕。从此认定，大老板是好人，只有那些狗仗人势、不大不小的老板，才是压榨我们劳动力的吸血鬼。

不过，后来我的大老板犯了事倒了台，我才发现，老板有老板的缺点，只不过我们无缘得见。贾母的生活也并非十全十美，无懈可击，我们也只能在字里行间看出一星半点。

贾母作为贾府的最高领导者，她是如何管理贾府这个大型企业的呢？其实，她的管理哲学的核心是：无为而治。

老太太具体做过什么管理的事情？如果我不说，可能很多人都想不起来，觉得她就是一个贪图享乐的老太婆。其实不然，她是贾府的最高领导者。老太太的管理风格便是无为而治。

什么叫无为而治？

无为而治最早是由春秋时期的老子提出的，是小国寡民的理想状态下才能实现的一种管理方法。在汉代初期得以奉行一段时间之后，即被儒家学说所取代。大家族、大公司的组织结构盘根错节，如何能够无为而治？无为而治的重点是貌似无为，其实却恰恰相反。

一个人的能力有限，但她借助领导班子的力量，自己虽退居幕后，但世界尽在掌握中，大小事情都知道，但什么都不管。

当然，这一套哲学，并不是什么值得学习的管理方法，因为它适用于大领导，而不适用于我们这些还需要拼搏、奋斗，用业绩说话的人。它也可能适用于那种清闲的、不求无功但求无过的某些单位的领导，每天只想着没有新闻就是最好的新闻，他们也喜欢这样的管理方式。

我这么多年，认识唯一一个和这种管理哲学稍有些像的管理者——王石。大家都知道，王石是万科集团董事长，但是，他最出名的一件事是登上了珠穆朗玛峰。如果大家看他的博客就会知道，他曾经一年大概有大半年的时间在世界各地登山、航海，到各个城市考察，拍一些水平并不怎么样的照片。万科集团的管理，现在实际上是总裁郁亮在做。

王石和郁亮之间的这种关系，就是贾母的管理方法的体现。因为无为，首先不是什么都不做，而是不需要自己去做。你见过无为而治的中层领导吗？那是不思进取，是不想当元帅的将军！你见过无为而治的基层员工吗？那是工作态度不端正，不好好干活，三个月之后等着被淘汰的人！上班时间公然去爬山、打高尔夫的，都是高层，这种事儿在他们身上，才叫无为而治。在普通员工这里就不是，所以我现在说这一点，是想提醒大家：

第一，无为而治是地位的象征。

第二，看到了也别大惊小怪，因为无为而治的重点在于治，而不是无为。因为治就是权力，拥有权力的人，是不会随便放弃权力的。

自己什么都不做，完全放任自流，会导致权力流失。不管是地位尊贵的贾母，还是万科集团的创始人王石，都不会乐意看到自己成为太上皇，被架空。"我不做，那是我的事，但是你不能抢了我的事情去做。"领导人都是这个心态，当然，为了达到这一点目的，像贾母采取的办法，就是设置一套有效的机构，让管理架构本身形成一种相互制衡的态势，达到平衡。

在《红楼梦》中，让这种无为而治的架构得以顺畅的最关键的人物是鸳鸯。

在这个班子中最容易被忽视却最不可或缺、起到承上启下、润滑剂作用的就是鸳鸯这位董事会秘书。她不仅打理贾母身边的生活事宜，也对王熙凤有一定的制约作用，使其不敢任意妄为。

鸳鸯的重要作用，甚至导致了一场鸳鸯争夺战（贾赦强娶鸳鸯女）。

让管理行之有效的制度，是长期有效的定期汇报制度。

晨昏定省，本来是媳妇、孙媳妇每天早上和晚上都要去老太太处请安、陪坐、打牌的一种形式，遇事汇报，无事请安。在某种程度上成为老太太的一种信息来源和对管理执行者的约束。

案例一：尤二入园，要先至贾母处"过明路"，方可正式入门。

案例二：凤姐找鸳鸯借当，鸳鸯虽不说，但凤姐也知她必然先悄悄回过老太太的，大家心知肚明。

贾母的管理完美吗?

贾母是董事长，应该更多地承担领导的职责，而不仅仅是管理。

领导和管理是有区别的，不能混为一谈。企业有六大领域，包括管理、组织、领导、作业、研发和学习。这六大领域各司其职，谁也不能代替谁。如果把领导和管理混为一谈，会产生非常严重的后果。

贾母在领导整个贾府运作的过程中善于抓大放小，也是值得称道的。她心里有一杆秤，不能一把抓，乱了规矩，也不能放任自流，让手下人养虎为患。

以下三件事的处理，可见贾母的领导艺术：

案例一：宝玉挨打，贾母亲自前往，哭骂贾政——对于第三代管理候选人呵护备至，只能微责，不允许过分压力。

正没开交处，忽听丫鬟来说："老太太来了。"一句话未了，只听窗外颤巍巍的声气说道："先打死我，再打死他，岂不干净了！"贾政见他母亲来了，又急又痛，连忙迎接出来。只见贾母扶着丫头，喘吁吁地走来。贾政上前躬身赔笑道："大暑热天，母亲有何生气亲自走来？有话只该叫了儿子进去吩咐。"贾母听说，便止住步喘息一回，厉声说道："你原来是和我说话！我倒有话吩咐，只是可怜我一生没养个好儿子，却教我和谁说去？"贾政听这话不对忙跪下含泪说道："为儿的教训儿子，也为的是光宗耀祖。母亲这话，我做儿的如何禁得起？"贾母听了便啐了一口，说道："我说一句话，你就禁不起，你那样下死手的板子，难道宝玉就禁得起了？你说教训儿子是光宗耀祖，当初你父亲怎么教训你的？"说着，不觉就滚下泪来。贾政又赔笑道："母亲也不必伤感，皆是作儿的一时性起，从此以后再不打他了。"贾母便冷笑道："你也不必和我使性子赌气的，你的儿子，我也不该管你打不打。我猜着你也厌烦我们娘儿们，不如我们赶早儿离了你，大家干净！"说着便令人去看轿马，"我和你太太、宝玉立刻回南京去！"下人只得干答应着。贾母又叫王夫人道："你也不必哭了。如今宝玉年纪小，你疼他，他将来长大成人，为官作宰的，也未必想着你是他母亲了。你如今倒不要疼他，只怕将来还少生一口气呢。"贾政听说，忙叩头哭道："母亲如此说，贾政无立足之地。"贾母冷笑道："你分明使我无立足之地，你反说起你来！只是我们回去了，你心里干净，看有谁来许你打。"一面说，一面只令下人快打点行李车轿回去。贾政苦苦叩求认罪。

案例二：贾琏偷腥，"哪有猫儿不偷腥？"——刑不上大夫，保护高层管理人员，暗自大事化小。

这里邢夫人、王夫人也说凤姐。贾母笑道："什么要紧的事！小孩子们年轻，馋嘴猫儿似的，哪里保得住不这么着，从小儿世人都打这么过的。都是我的不是，他多吃了两口酒，又吃起醋来。"说的众人都笑了。贾母又道："你放心，等明儿我叫他来替你赔不是。你今儿别要过去臊着他。"因又骂："平儿那蹄子，素日我倒看他好，怎么暗地里这么坏。"尤氏等笑道："平儿没有不是，是凤丫头拿着人家出气，两口子不好对打，都拿着平儿煞性子。平儿委屈得什么似的呢，老太太还骂人家。"贾母道："原来这样，我说那孩子倒不像那狐媚魇道的。既这么着，可怜见的，白受他们的气。"因叫琥珀来："你出去告诉平儿，就说我的话：我知道她受了委屈，明儿我叫凤姐替他赔不是，今儿是他主子的好日子，不许他胡闹。"

案例三：晴雯被逐，过问王夫人，之后只微微点头叹道，这孩子如今怎么成了这样——默许态度，表面做好人，暗中支持下属严加处理看着不顺眼的员工。

王夫人便往贾母处来省晨，见贾母喜欢，便趁便回道："宝玉屋里有个晴雯，那个丫头也大了，而且一年之间病不离身。我常见他比别人分外淘气，也懒，前日又病倒了十几天，叫大夫瞧，说是女儿痨，所以我就赶着叫他下去了。若养好了也不用叫他进来，就赏他家配人去也罢了。再那几个学戏的女孩子，我也做主放出去了。一则他们都会戏，口里没轻没重，只会混说，女孩们听了如何使得？二则他们既唱了会子戏，白放了他们，也是应该的。况丫头们也太多，若说不够使，再挑上几个来也是一样。"贾母听了，点头道："这倒是正理，我也正想着如此呢。但晴雯那丫头我看他甚好，怎么就这样起来。我的意思这些丫头的模样爽利、言谈、针线多不及他，将来只他还可以给宝玉使唤的，谁知变了。"

"他色虽比人强，只是不大沉重。若说沉重知大礼，莫若袭人第一。虽说贤妻美妾，然也要性情和顺、举止沉重的更好些。就是袭人模样虽比晴雯略次一等，然放在房里，也算得一二等的了。况且行事大方，心地老实，这几年来，从未逢迎着宝玉淘气。凡宝玉十分胡闹的事，他只有死劝的。"贾母听了，笑道："原来这样，如此更好了。袭人本来从小不言不语，我只说他是没嘴的葫芦。既是你深知，岂有大错误的，而且你这不明说与宝玉的主意更好，且大家别提这事，只是心里知道罢了。"

贾母："我进了这门子做重孙子媳妇起，到如今我也有了重孙子媳妇了，连头带尾五十四年，凭着大惊大险千奇百怪的事，也经了些"。贾母年长之后，很有威严感，贾氏族长、掌管宁国府的贾珍、掌管荣国府的贾政、独门另过的贾赦，都挨过老太太的批。在她跟前，凤姐也只敢说几个半奉承半打趣的笑话，除了鸳鸯，谁也不敢驳回老太太。

对上述事件的处理，贾母的做法是值得肯定的。但，在她的管理中，还是欠缺了最重要的东西——战略思想。

一个企业如果想持久发展，必须要有战略思想。所谓战略，简单地说就是不断保持自己内部资源与外部环境的和谐。《孙子兵法》说："凡事预则立，不预则废。"不事先对可能发生的趋势作出判断的话，很可能使一个企业没有战略，或者战略失误。而制定战略就是为了减少失误，著名企业家鲁冠球[①]就说："企业的成功不在于发展有多快，而在于减少甚至避免失误。"

贾母作为贾府的领导者，纵使她能把管理的权利最大限度地下放，只抓自己认为最重要的，但是有一条是她不能推卸的责任，那就是制定整个贾府发展方向的战略。

是继续按照袭爵的方式发展，还是走科举的道路？很显然，老太太选择的是袭爵的道路。所以她反对贾政逼宝玉读书，读书的目的是从科举进身，正儿八经当官。"咱们这样的人家，总短不了两口吃的"，这是贾宝玉的话，老太太明显就是这么想的。

首先，她认为贾宝玉身子弱、多病，都是他爹逼他读书造成的。

其次，她纵容贾宝玉混在女儿堆里风花雪月。

---

① 鲁冠球，浙江萧山人，浙江万向集团董事局主席兼党委书记。

再次，对贾宝玉厌恶功名利禄的思想，她是持无所谓的态度的。

这种状况，归根结底是老太太的危机意识不够到位。古语说："君子之泽，五世而斩。"意思是成就了大事业的人留给后代的恩惠福禄，经过几代人就消耗殆尽了。从贾演、贾源那代到贾宝玉，已经是第四代了。祖上的恩惠福禄，到元春被封为贵妃的时候正是鲜花着锦，烈火烹油，可是也已经是百足之虫死而不僵的时候了。到了贾宝玉这个时候，这种祖上的恩惠还能留下多少呢？

英国的管理学大师查尔斯·汉迪[①]有一个著名的关于成功的"S型曲线"理论。这条曲线说明了生命的历程：最初缓慢尝试、蹒跚学步，其后迈向巅峰，最后盛极而衰。这条曲线可以说明一切，甚至包括恋爱和人际关系。

有人可能会不同意，恋爱是多么甜蜜的一件事，怎么会走出这样一条曲线来呢？其实你想想，两个人刚有点意思的时候，还在暧昧阶段的时候，少不了互相试探吧，少不了晚上回家辗转反侧，想来想去：他今天跟我借钱了，是不是对我有意思。他昨天问我借了钱还没还给我呢，是不是故意不还，制造一点我跟他之间的小秘密？这个时候，其实是很痛苦的，因为你不能确定你们之间的关系是否确立了。如果确立了，曲线就往上走了吗？不，我认为

---

① 查尔斯·汉迪，1932年出生于爱尔兰，是欧洲最伟大的管理思想大师，被英国《金融时报》称为欧洲屈指可数的"管理哲学家"。

还是继续下行，因为俩人要磨合。磨合是一件更加痛苦的事情，因为"女人来自金星，男人来自火星"，两个人成长环境不同，性格爱好不同，一开始的兴奋劲头过去以后，吵架就难免了。过了这个吵架的危险期之后，两个人的关系才会慢慢好起来，开始稳定的甜蜜。

可惜好景不长，他们的关系又出现了危机。为什么？因为厌倦了，无聊了，更深刻的问题开始出现了。男人会觉得女人很烦，很啰唆，每天都要陪，还要主动交代行踪，每天都要逛街……女人会觉得这个男人不上进，不关心我父母，没钱买房子……这就是恋爱的"S型曲线"。如果大家看了我的观点，再读一遍《红楼梦》，按照我这个理论再仔细看看林黛玉和贾宝玉之间的关系，就会发现，他们之间就是走了一个完美的"S型曲线"。只不过，一般的小说，在"S型曲线"的顶点就不写了，只是匆匆写一句："王子和公主从此过上了幸福快乐的生活。"曹雪芹更狠，连这句都没写，就给我们留下了一个"大坑"，不填土了。

人际关系也是这样，我们的职业生涯，更是如此。一开始进入一家公司，尤其是进到大公司，很兴奋、很骄傲，在家人、朋友面前很有面子。真正开始工作之后，那个新鲜劲头过去了，日常工作慢慢多起来，发现开始有些难适应了，好多东西在学校里根本没有学到。人际关系也比在学校的时候复杂得多，所以开始痛苦。这个痛苦的感觉，通常会发生在工作一年半到两年这个区间里。

这个时间，是我根据自己的经验总结的，因为我就是这样，而且我周围的朋友也是。在一家公司一年半到两年的时间，很容易产生厌倦感，工作不如自己想象得那样好，两到三年的时间是跳槽多发的时间段。熬过了这个点，职业生涯就会开始逐渐上升。因为在公司的时间长了，习惯了这家公司的文化，业绩也有了，开始游刃有余，甚至升职做了一名主管，于是就开始进入稳定期。这个时候，大家的职业心情是比较好的，一方面工作是自己所擅长的，同事都是合作习惯的，前途也一片光明，薪水也比较高。

这个时候人往往容易放松警惕，觉得就这么干下去挺好。其实，这个时候是最危险的，不要以为能够天长地久。尤其是女性，大家对男朋友通常都不太放心，可是如果大家把对男朋友的敏感放一半到工作上来，就会发现，老板的心比男朋友不安分多了。脚踏三条船的男朋友不太多见，而跟三个员工同时说："好好干，总监的位置就是你的！"这种老板很常见。所以，不要以为看起来好的男人就能天长地久地跟下去，看起来好的工作就能天长地久地干下去，日子长了，什么好工作都会走下坡路。

当一份工作做到五六年的时候，人往往会遭遇职业瓶颈。感觉个人职业发展触到天花板，不知道怎么办。这个时候想不出办法来，那就只能眼睁睁看着自己滑下去，看着比自己更年轻的人爬到自己头上去，看着自己在公司里越来越边缘化，越来越不受重视。

而持续成长的秘方，就是在第一条曲线结束之前，另起一条曲线，第二条"S型曲线"的正确起点应该在第一条曲线还没有到达顶点的时刻。等到已经确认自己走下坡路了，才开始寻找新曲线的方向，显然为时已晚。不过，早一点开始寻找方向，就能有足够的时间做充分的准备。为什么有的人能够急流勇退？那是因为人家早就找好了退路，才能在事业最高峰退下来，所以我们常常看到，急流勇退的人，过不了几天，又站在另一个急流的高峰上了。

企业其实也一样。现在企业的衰老速度，可能比爱情还要快。

虽然有一本很著名的经管书叫《基业常青》，但是实际上我们知道没有任何一家企业能够真正做到"基业常青"。做到"百年老店"是非常不容易的事情，我知道的真正经历过百年长盛不衰的一家公司就是路易·威登（Lonis Vuitton），也即我们通常所说的奢侈品品牌LV。

当初，拿破仑三世的欧仁妮皇后，是一个非常小资的人，她非常喜欢时尚。有一次，她找了一个专门的工匠给她做旅行包，这位工匠就是路易·威登公司的创始人路易·威登。从那时开始，路易·威登就已是专门从事旅行箱生产的企业了，一直到现在LV还是世界上最著名的奢侈品品牌。

还有一家公司叫卡地亚，也是给皇后做珠宝首饰的。这两家公司是我见过的仅有的，一直在行业里保持领先地位的，长盛不衰的公司。我没有见过其他什么公司能够在长达百年的时间里，还保持同样良好的开始和发展。现在我们津津乐道的世界500强企业中的大部分也不过是三四十年的历史而已。有一些企业，比如电信行业曾经很辉煌的加拿大北电网络公司以及美国摩托罗拉公司，它们如今已经失去了当年的辉煌业绩。其实人也是一样的，我们所能做的只是尽量延长其下降的周期，或者是减小下降的幅度，不要让它很快从顶峰降到低谷。

怎么能够阻止这个企业从繁荣走向衰落，我们应该在其走向衰落之前就开始画第二条曲线，理论上是在第一条曲线开始走上坡路的时候，就要开始想第二条曲线应该怎么画，要从哪里画？这种情况是理想状况，在现实中，无论是组织还是个人，大家几乎都是等到大难临头的时候才进行改革，很少有人在企业或者个人事业最好的时候进行改革。

举个例子，林黛玉的父亲林如海，他的祖上也是封过列侯的。只不过，按照清朝的法律，袭爵都是降级袭的，到林如海的时候，已经没有了，只能通过科举为自己谋出路。不过林如海书读得好，考了一个探花，也就是一甲第三名。我们不要小看第三名，探花，从名字上来看就很香艳，殿试最终确定这个名次的时候，一般也都要考虑到色艺双绝，所以探花一般都会年少英俊一些，不是这样的身份、地位和样貌，恐怕也娶不到贾府的千金小姐贾敏。当然，林如海这个人也很会做官，所以他后来在扬州做了巡盐御史，这可是实实在在的"肥差"。如果不是他英年早逝，林家的中兴，就可能在他的身上实现了。

这样的做法对于现代企业来说，"转型"已经太晚了。因为到了林如海考进士的时候，相当于企业已经进入衰落期。这个时候，组织的领导人往往已经威信受损，组织的资源耗竭，活力消失，裁员已经开始，先前的顶峰时期所拥有的资源难以再使用，信誉也没有办法恢复。这个时候再开始重新开创一条"S型曲线"，可能事倍功半。

说了这么多，说回贾府，贾母在战略问题上犯了什么错误呢？那就是她不肯画第二条曲线。

首先，她意识不到贾府这条曲线迟早是要走下坡路的，实际上，在她活着的时候，已经开始逐渐衰落了。

其次，在贾政打算画第二条曲线，让贾宝玉去读书、准备考科举做官的时候，她不仅不支持，还横加阻挠。当然，她有她的理由，她觉得这个孩子身子弱，贾政逼他读书，逼得他都生病了。可是，她作为这个大家族的领导人，目光没有放得足够长远，没有在吃甜食看戏的空闲时间里想一想，这个家族将来应该怎么发展，才能继续做大、做强？

从这个角度来说，贾政是有远见的。他希望贾宝玉能够读书，将来考科举做官，那个时代能够维护大家族继续繁荣的方式，无非就是两种，文功武略。贾府的祖上是从军功起家的，但是到了贾宝玉这代，虽然袭的爵位仍然是将军，但是真正要上前线带兵打仗、立下军功，恐怕不是贾宝玉所能做到的。

带兵打仗这事贾宝玉做不到，那么摆在他面前的路就只剩下一条：参加科举考试。贾政可以说是一个智者，他本人就是想考科举的。结果，祖父最疼，原欲以科甲出身的，不料代善临终时遗本一上，皇上因恤先臣，即时令长子袭官外，问还有几子，立刻引见，遂额外赐了贾政一个主事之衔，令其入部习学，后来已升任员外郎了。这件事，贾政一直引为恨事，自己做不成的事情，往往希望在孩子身上找补回来，现在的父母常常也有这种心愿。但是贾政督促贾宝玉读书，显然不仅仅是为了补偿自己年轻时候不曾中举的心愿，他更希望贾宝玉能够以另外一种方式承担起家族的责任，就像贾政所做的那样。

居安思危的贾政

贾政做官，生下大女儿进宫作了贵妃，给整个家族带来了一段烈火烹油一般的好时光。大儿子贾珠14岁就进了学堂，也算得上是个神童，只可惜英年早逝。二儿子贾宝玉丰神俊朗、聪慧过人，是全家人的掌上明珠。二姑娘探春还未出阁，但那精明能干的架势已经遥追凤姐……按说贾政为人臣、为人父、为人子，都已经应该满足了才是。可是通篇看下来，如果说贾赦两口子是"没头脑"，那贾政两口子就是"不高兴"。他活得很压抑，很痛苦。或许是因为他当官，在官场上日日如履薄冰，也只有他才明白，百年大族的根基，早已经摇摇欲坠，所以才会对贾宝玉期望如此之深，失望如此之切。在第三十三回打宝玉的那场戏里，贾政喝令说："今日再有人劝我，我把这冠带家私一应交与他与宝玉过去！我免不得做个罪人，把这几根烦恼鬓毛剃去，寻个干净去处自了，也免得上辱先人下生逆子之罪"。老太太来问罪，他也是含泪跪下说，"为儿的教训儿子，也为的是光宗耀祖。"

他这一刻说的，大约是真的，如果他不把"光宗耀祖"这四个字放在心上，又何必逼到宝玉每次见了他就好像被雷劈了一般地垂头丧气呢？像贾珍和贾蓉父子、贾赦和贾琏父子，臭味相投，你无聊，我比你更荒唐，父子关系融洽和睦，家里又短不了这一口吃的，岂不好吗？

就像中国的一句古话所说"居安思危，未雨绸缪"，要知道什么时候开始划第二条曲线，知道什么时候自己处于第一条曲线的什么位置？这些自己至少要有个比较清楚的了解才是比较可靠的做法。

麦肯锡公司①曾经对208家公司18年间的发展做过研究，试图发现有哪些公司曾经长期立于不败之地。结果发现，其中只有3家的业绩连续18年都比较好，53%的公司都无法连续保持两年以上的好光景。现代企业的生命周期比

———————

① 麦肯锡公司，美国著名的管理咨询公司，由芝加哥大学教授詹姆斯·麦肯锡于1926年创立。

贾府还要短暂得多。五世而斩也好，富不过三代也好，听起来都是几十年的光阴，但是现在我们熟知的那些世界500强企业，没有多少真正能够经历百年风雨。历史漫长的那种公司，也经历过无数次的转型，甚至转型力度之大，可能我们早已经无法想象这家公司原来是做这个行业的。

对于现在中国的绝大多数企业来说，它们并没有切身的转型经验，因为在过去多年的时间里，所有的中国企业都经历过一段特别好的时间，不管是通信行业、地产行业，还是其他消费行业，因为中国的整个经济大势很好。但是我觉得从2008—2009年开始，大家可能会更深刻地体会到居安思危，体会到未雨绸缪的好处。因为全球这么庞大的经济体，总体的经济大势说不好就不好了，比如美国，谁能够想到美国会变成这样，谁能想到花旗银行①被拆分了，雷曼兄弟公司②倒闭了，美林证券③也倒闭了！

① 花旗银行，是花旗集团属下的一家零售银行，其主要前身是1812年6月16日成立的纽约城市银行，经过近两个世纪的发展、并购，在21世纪初期一度成为全世界最大的银行控股公司。花旗银行在全球近150个国家及地区设有分支机构，总部位于美国纽约。它是当今世界资产规模最大、利润最多、全球连锁性最高、业务门类最齐全的金融服务集团之一。
② 雷曼兄弟公司，1850年成立于美国，是为全球的企业、政府和投资者的金融需求提供服务的一家全方位、多元化投资银行。在2008年美国次贷危机中破产倒闭。
③ 美林证券，成立于1914年，世界最著名的证券零售商和投资银行之一，总部位于美国纽约。

"一人之上，万人之下" 的王夫人

王夫人在贾府的地位，可以说是一人之下，万人之上，就老太太能说她几句，其他人是不敢惹她的。凤姐再千娇百媚，八面玲珑，见了王夫人，不是恭恭敬敬地回话，就是放下身段圆谎，从不敢有一丝懈怠。没办法，王夫人牛，地位超然，那是她自己肚子争气，她的兄弟也争气。不过，王夫人很偷懒，不愿意管家的事，也不给自己的大儿媳妇李纨管，却叫了自己的侄女、邢夫人的媳妇王熙凤来管家。我觉得王夫人使这招不会没有原因，王熙凤从小充作男儿教养，杀伐决断，她这个姑姑岂能不知。王熙凤刚嫁过来，跟贾琏的感情很好，贾琏虽然有些花心，办事却还是精干的，两个人力气一使到一块儿，或者万一很孝顺自己的公婆，邢夫人那边不就势力大涨吗？所以，她就索性说自己吃斋念佛扮菩萨，不管家里的事，把担子，也把权力给了好胜、好强的王熙凤，一举把这能干的两口子都拉到自己的阵营里来了。

当然，王夫人这个总裁不是真的"吃素"，如果她真的好欺负，王熙凤这个执行副总裁会那么听她的话，那么怕她？比如，林妹妹千里迢迢从乡下到京城来投亲，王夫人一登场，一句客套没有，一点寒暄没问，开口就说："你舅舅今日斋戒去了，再见吧。只是有一句话嘱咐你：你三个姊妹倒都极好，以后一处念书认字、学针线，或是偶一玩笑，都有尽让的。但我不放心的最是一件：我有一个孽根祸胎，是家里的'混世魔王'，今日因庙里还愿去了，尚未回来，晚间你看见便知了。你只以后不要睬他，你这些姊妹都不敢沾惹他的。"

后来的事实证明，王夫人想做的没有做不到的，王夫人不喜欢的，想除掉的，没有不"死翘翘"的。她才是真正的实权人物。

那王夫人的出身又怎么样呢？肯定比邢夫人高，据我分析，邢夫人不是原配，是填房。证据是，贾琏不像是邢夫人生的，而贾琏又不像是小老婆庶出生的，如果他是庶出生的，他就娶不到王熙凤。所以，邢夫人就只能是填房，前面还有一个出身比较好的大老婆死了。

王夫人是"四大家族"之一的王家的小姐，王熙凤的亲姑姑，也是贵族小姐。不过老太太喜欢她吗？答案是，也不喜欢。

宝钗一旁笑道："我来了这么几年，留神看起来，凤丫头凭他怎么巧，再巧不过老太太去。"贾母听说，便答道："我如今老了，哪里还巧什么。当日我像凤哥儿这么大年纪，比他还来得呢。他如今虽说不如我们，也就算好了，比你姨娘强远了。你姨娘可怜见的，不大说话，和木头似的，在公婆跟前就不大显好。凤儿嘴乖，怎么怨得人疼他。"

这么说起来的话，贾母对她的两个儿媳妇评价都不算太高，所以她组建的这个管理团队就很耐人寻味。首先，贾赦是长子，袭了爵位，却住在荣国府边上的一个小院子里，非常精致，可是与他的地位不相符合。贾政是次子，没有爵位，做了一个工部员外郎的小官，却和王夫人堂而皇之地住在荣国府的正堂荣禧堂里，而且由王夫人管理荣国府的内务事宜。

王夫人平常是个锯了嘴的葫芦，不爱说话，也不会说话，又吃斋念佛的，所以不太管事。

总而言之，一个得了名，一个得了利，谁也没话说。

深谋远虑的秦可卿

"否极泰来，荣辱自古周而复始，岂人力能可保常的，但如今能于荣时筹划将来衰时的世业，亦可谓常保永全了。即如今日诸事都妥，只有两件未妥，若把此事如此一行，则后日可保永全了。"

凤姐便问何事，秦氏道："目今祖茔虽四时祭祀，只是无一定的钱粮，第二，家塾虽立，无一定的供给。依我想来，如今盛时固不缺祭祀供给，但将来败落之时，此二项有何出处？莫若依我定见，趁今日富贵，将祖茔附近多置田庄房舍地亩，以备祭祀供给之费皆出自此处，将家塾亦设于此。合同族中长幼，大家定了则例，日后按房掌管这一年的地亩、钱粮、祭祀、供给之事。如此周流，又无争竞，亦不有典卖诸弊。便是有了罪，凡物可入官，这祭祀产业连官也不入的。便败落下来，子孙回家读书务农，也有个退步，祭祀又可永继。若目今以为荣华不绝，不思后日，终非长策。眼见不日又有一件非常喜事，真是烈火烹油，鲜花着锦之盛。要知道，也不过是瞬间的繁华，一时的欢乐，万不可忘了那'盛筵必散'的俗语。此时若不早为后虑，临期只恐后悔无益了。"

秦可卿临死给王熙凤托梦的那段讲话，也完美地表现了一个合格的领导者所应该考虑的战略问题。

只不过，秦可卿的战略是防御型的，她的着眼点在于，当灾祸已经发生，当家族无可避免要走下坡路，该怎么办？该如何防止整个家族快速衰落，发生大厦倾倒般的现象？不过，正如我们所说的，当第一条"S型曲线"已经开始下滑的时候，整个形势已经相当不利，资源不如原来充足，这个时候秦可卿所做的一切，也不过是使这些平时就饱食终日的纨绔子弟们有口饭吃，不会沦落到"雪夜围破毡"的地步。要想再创辉煌，其实很难了。

20世纪90年代，柯达公司还是摄影界不可一世的霸主，当时大家都使用胶卷相机，胶卷成为消耗品，相机可能不常买，可是胶卷却是需要经常购买的东西。但是后来，数码相机出现了，柯达看到了媒体的报道，成立了一支实力薄弱的团队，学习这种摄影新技术，开发出一款试图结合数字和胶卷的技术，那是一个非常简陋的相机。这就是柯达公司看到危机即将发生的时候，采取的防御型战略，目的还是保护它的胶卷事业。结果，我们大家都看到了，现在大家几乎人手一只数码相机，我们变得经常更换相机，相机的像素从300万到500万、800万，现在1 000万像素以下的相机简直不好意思拿出手。可是柯达，这个很多年轻人几乎都快想不起的辉煌一时的品牌，在过去的几年时间里，不断地走下坡路。2003年，柯达公布了30亿美元的数字照相技术投资计划，不过投资者认为，"为时已晚，而且投资太少"，所以这项政策一公布，股价反而暴跌。

柯达的首席执行官丹·卡普在离职的时候发表讲话说："我20年前第一次看到数码相机……当时就知道这家公司即将要发生彻底地改变。"20年前就有这种预感，却在20年的时间里无所作为，可见这位首席执行官"死"得不冤。

秦可卿临死前给王熙凤托梦，告诉她这个家族以后会衰败，为了做好准备，要未雨绸缪，要在多买祭祀的产业，将来有罪的时候这些产业不入官，好有个退步抽身、活口的去处。后人都夸秦可卿见识高远，比王熙凤强多了。传说中秦可卿是太子的女儿，跟王熙凤这种"二线贵族"出身的女子眼界当然不一样。很可惜后来王熙凤醒来就把这段话给忘了。曹雪芹写这段话，只怕是自己后来追思曹家获罪被抄，惋惜家人不曾早做打算，以至于后人穷困潦倒，如果像秦可卿说的这般，他后来岂不是不用受那么多苦？

这也就是曹雪芹自己琢磨的办法。他出生在官宦家庭，中国封建王朝，获罪抄家之后想再有个安身立命之所。这是退而求其次的办法，和贾政的出发点一致，方法不同，原因在于二人的性别不同，社会角色不同，所以思路也不尽相同。但是如果这个想法是由贾母想到的，王熙凤就不会忘记，不会抛到脑后。如果贾母存了这个防患于未然的心，贾府的整个文化和发展方向或许可以面目一新。

家族应该如何发展？现在到了曲线的哪个位置？如何保持稳定的繁荣？未来会不会有危机？如果危机到来，应该如何处理？很多时候，我们不能预见，但是我们可以假设。事实上，如果最后证明这种假设是错的，那也不会有太大的坏处，即便第一条曲线还在出生的阶段，第二条曲线却还在更早的试探阶段，它的出现不会影响到第一条曲线的继续爬升。或许，正是在这种思维的引导下，现在的产品更新换代才越来越快，企业红得也快，死得也快。

像贾母这样的领导者，认为世界上现存的秩序就是永恒的秩序，一切都不会改变，她因为年龄和见识的缘故，不能够保持我们在企业中所需要的"怀疑、好奇和创新"的精神。事实上，当很多人做到领导的时候，都会因为年龄和磨砺的关系，从改革派变成了保守派。但是，我们需要记住，这些态度是处于变革的时代所必需的，是一套应对变革的理想的应对之道。

企业如是，个人也如是。一个人的职业发展道路，也不用永远是一条向上走的抛物线，也一定会按照"S型曲线"，由低谷走向高峰，然后再由高峰开始下滑。

因此，要学会居安思危，尽早开始画出人生的第二条曲线。股神沃伦·巴菲特有一句名言，"在别人恐惧的时候贪婪，在别人贪婪的时候恐惧"。这句话其实不仅仅适用在炒股上，也适用在我们对自己的人生规划上。在此，我将它改为：在别人鄙视自己的时候贪婪，在别人羡慕自己的时候恐惧。

被埋没的管理人才李纨

在曹雪芹的笔下，王夫人的大儿媳妇天生有一个致命的弱点，那就是贾珠不到二十岁死了，他的夫人李纨是个寡妇，在那个年代，贵族家庭的年轻寡妇只能高高挂起当作一个贞节牌坊用。而出来抛头露面管理家务，少不了和年轻男子打交道，就极不方便。其实李纨也是一个很厉害的角色，如果让她来管家，未必不如王熙凤。

主要是因为李纨比较低调，所以大家都忽视了她，以为李纨这位"珠大嫂子"好欺负，其实大家都看走了眼。

探春笑道："我不算俗，偶然起个念头，写了几个帖儿试一试，谁知一招皆到。"宝玉笑道："可惜迟了，早该起个社的。"黛玉道："你们只管起社，可别算上我，我是不敢的。"迎春笑道："你不敢谁还敢呢。"宝玉道："这是一件正经大事，大家鼓舞起来，不要你谦我让的，各有主意自管说出来大家平章。宝姐姐也出个主意，林妹妹也说个话儿。"宝钗道："你忙什么，人还不全呢。"一语未了，李纨也来了，进门笑道："雅的紧！要起诗社，我自荐我掌坛。前儿春天我原有这个意思的。我想了一想，我又不会作诗，瞎乱些什么，因而也忘了，就没有说得。既是三妹妹高兴，我就帮你作兴起来。"李纨道："就是这样好。但序齿我大，你们都要依我的主意，管情说了大家合意。我们七个人起社，我和二姑娘四姑娘都不会作诗，须得让出我们三个人去，我们三个各分一件事。"探春笑道："已有了号，还只管这样称呼，不如不有了。以后错了，也要立个罚约才好。"李纨道："立定了社，再定罚约。我那里地方大，竟在我那里作社。我虽不能作诗，这些诗人竟不厌俗客，我作个东道主人，我自然也清雅起来了。若是要推我作社长，我一个社长自然不够，必要再请两位副社长，就请菱洲、藕榭二位学究来，一位出题限韵，一位誊录监场。亦不可拘定了我们三个人不作，若遇见容易些的题目韵脚，我们也随便作一首。你们四个却是要限定的，若如此便起，若不依我，我也不敢附骥了。"迎春、惜春本性懒于诗词，又有薛林在前，听了这话便深合己意，二人皆说："极是"。探春等也知此意，见他二人悦服，也不好强，只得依了。因笑道："这话也罢了，只是自想好笑，好好的我起了个主意，反叫你们三个来管起我来了。"

　　这段话非常有趣，结社明明是探春的主意，被李纨三言两语，把风头全抢走了，还说去年春天就有这个意思，又说自己年龄大，要做社长，地方大，要当东道，反客为主的一番行为，完成得干净利落。就连厉害、精明的探春，也败下阵来，只能很委屈地说，本来是她的主意……

李纨的管家才能得不到施展，不过她管理诗社的才能是很不错的。

李纨敛财的功夫，只怕连凤姐也比不上。凤姐笑道："亏你是个大嫂子呢！把姑娘们原交给你带着念书学规矩针线的，他们不好，你要劝。这会子他们起诗社，能用几个钱，你就不管了？老太太、太太罢了，原是老封君。你一个月十两银子的月钱，比我们多两倍。老太太、太太还说你寡妇失业的，可怜，不够用，又有个小子，足的又添了十两，和老太太、太太平等。又给你园子地，各人取租子，年终分年例，你又是上上分儿。你娘儿们，主子、奴才共总没十个人，吃的穿的仍旧是官中的。一年通共算起来，也有四五百两银子。这会子你就每年拿出一二百两银子来陪他们玩玩，能几年的限？他们各人出了阁，难道还要你赔不成？这会子你怕花钱，教唆他们来闹我，我乐得去吃一个河枯海干，我还通不知道呢！"

这样一个人才，不能够利用，王夫人也很郁闷。没有办法，只好从邢夫人那里借了王熙凤过来。王夫人和邢夫人的妯娌关系不好，换了别人，估计她也不愿意借，可是王熙凤是她的内侄女，哥哥的女儿，从血缘上算起来，和她是很亲的。而且王熙凤这个人从小逞强好胜，是个从小充小子养的女孩，以她的性格，当然愿意在荣国府中一展拳脚。

第二章

当家对与错

贾府的大管家王熙凤

王熙凤是贾府的管家主子，老太太最疼的孙媳妇，长房长孙媳，又是二房太太王夫人的内侄女——王夫人有两个兄弟，一个是王子腾，一个叫王子胜，好像都挺厉害。但是奇怪的是哪个看起来都不像王熙凤的爹，而且王熙凤的兄弟王仁又有一次跟李纨的婶子、邢夫人的兄嫂搭伴进京，说的好像王熙凤原来也不是京城长大的，不过这个细节好像无关紧要，并不妨碍凤姐在贾府里做出一番大事业来。

凤姐不过二十来岁的年纪，当家却当出了名气，冷子兴都知道赦公，也有二子，长名贾琏，今已二十来往了，亲上作亲，娶的就是王夫人之内侄女，今已娶了二年。这位琏爷身上现捐的是个同知，也是不肯读书，于世路上好机变，言谈去的，所以如今只在乃叔政老爷家住着，帮着料理些家务。谁知自娶了他令夫人之后，倒上下无一人不称颂他夫人的，琏爷倒退了一射之地。说模样又极标致，言谈又爽利，心机又极深细，竟是个男人万不及一的。

冷子兴说全府上下没有不称颂凤姐的，这话是太夸张了，当然他是周瑞的女婿，周瑞家的是王夫人的陪房，怎么说也算的上是同一阵线的人，在外人面前夸夸自己的主子，还是情有可原的。模样极标致，言谈又爽利，心机又极深细，这三句倒是一点没错。她第一个亮相，穿的彩绣辉煌，恍若神妃仙子：头上戴着金丝八宝攒珠髻，绾着朝阳五凤挂珠钗，项上戴着赤金盘螭璎珞圈，裙边系着豆绿宫绦，双衡比目玫瑰佩，身上穿着缕金百蝶穿花大红洋缎窄褃袄，外罩五彩刻丝石青银鼠褂，下着翡翠撒花洋绉裙。一双丹凤三角眼，两弯柳叶吊梢眉，身量苗条，体格风骚，粉面含春威不露，丹唇未起笑先闻。真是与众不同，可怜贾珠的寡妇李纨站在旁边，不过一句"这是你珠大嫂子"就打发了，可见不仅老祖宗，连曹雪芹都有些偏心呢。

偏偏她又不是空长了张老天爷给饭吃的脸，凤姐事无巨细、样样周到的本事，还是超强的。刘姥姥吃了口贾府的茄子，说味道古怪，凤姐张口就把那么复杂的菜谱说了出来："你把才下来的茄子把皮剥了，只要净肉，切成碎丁子，用鸡油炸了，再用鸡脯子肉并香菌、新笋、蘑菇、五香腐干、各色干果子，俱切成丁子，用鸡汤煨干，将香油一收，外加糟油一拌，盛在瓷罐子里封严，要吃时拿出来，用炒的鸡瓜一拌就是。"用句我们常说的话，这个就能看出凤姐平常是有积累的，厚积才能薄发，半点取巧都不行。

得妻如此美貌，又陪上一个据说娇媚不下凤姐的平儿，贾琏在家左拥右抱，小日子过得很滋润。周瑞家的从薛姨妈那里拿了十二只宫花，要送给姑娘奶奶们。到了凤姐院里，见小丫头丰儿坐在凤姐房中门槛上，见周瑞家的来了，连忙摆手儿叫她往东屋里去。周瑞家的会意，忙蹑手蹑脚往东边房里来，一会儿只听那边一阵笑声，却有贾琏的声音。接着房门响处，平儿拿着大铜盆出来，叫丰儿舀水进去。这段话，我原是没看出有什么不妥来，好在回目里说清楚了，是送宫花贾琏戏熙凤，就说明大白天的贾琏、凤姐、平儿这三口子关起门来作乐，当真是情到浓时，按捺不住。

说来说去，无非想表达我对王熙凤的崇敬之情，她真是算得上美貌与智慧并存、家庭事业双丰收的成功人士典范了。真的是这样吗？大话刚一说出口，我不免对自己的眼光又有些怀疑起来。

授权的艺术

下属如果太厉害，就会想办法架空自己的领导。如果领导授权过度，导致他的下属开始争权夺利，弄权和滥用权力的话，当然也会影响到领导的权力执行。所以在绣春囊事件中，王夫人抱着"我天天坐在井里，拿你当个细心人，所以我才偷个空儿"的心态。

但是授权的度是一个很难把握的事情。很多领导都向往一种境界，那就是什么事情都知道，但是什么事情都不管——但是真正做到的能有几个呢？很多时候的授权是假授权。比如，我曾经看到过这样一段文字："郑锡贵刚回到办公室，行政部门经理就'找上门来'了。原来预备增加的30名员工让他犯了愁：因为公司一下子要来30名员工，现有的座位已经不够了，怎么办呢？买桌椅？这是最简单的方法，可是办公室现有空间再加上30套桌椅就显得太拥挤了；即便重新排列一下，估计也难以安排。搬家？集体搬到一个面积更大的办公室，还是在外面租一个小办公室，将一部分人员挪过去呢？郑锡贵想。不过无论是集体搬家还是搬出去一小部分，这些不是他能马上单独决定的。看来，还是等下午开eBay（易趣）全球视频会议的时候讨论一下吧。"

上面这段文字来自于2005年3月《每日经济新闻》上的一篇文章，题目是《非典型COO①的一天》，郑锡贵是eBay的COO，在该公司创始人邵亦波不再参与日常运营管理之后，他一直代行首席执行官的职责，后来他被来自台湾的吴世雄取代，再后来吴世雄也已离职，而现在eBay也已退出中国市场。

这篇文章的流传非常广泛，作者本身在客观描述了郑锡贵一天的工作情况之后，表达了这样一种意思：运作良好的公司与有问题的公司相比，也许在战略层面区别不大，但是处理日常事务上一定会有巨大的差异：好公司立足于系统管理来解决问题，不仅内部员工清楚流程，客户也清楚流程；坏公司在解决问题时，凭的是管理人员的

---

① COO，首席运营官。

"急智"和员工的积极性，内部员工如果不是当事人，就不会清楚流程，客户更是会备感糊涂。一个公司如果流程清楚，并具有持续改进的能力，一定会充满生命力。

但是，后来阿里巴巴集团的管理层解读这篇文章的时候，似乎更在意另外一个事实：在eBay中国公司要加30个员工的座位，都需要全球高管开视频会议讨论才能做出决定，那么什么样级别的事情，属于eBay中国公司的领导人可以自己做主的呢？

有一位管理学学者在他的书里说，年轻的时候他曾经担任过某石油公司地中海地区的营销总监，这个职位听起来头衔响亮，而且肯定是个肥差。可是对于这个职位的无限想象，在他入职的那一刻就化为了泡影。据说他在就职的时候，接到了公司一份长达3页的工作说明书，事无巨细地规定出了他的职责范围，最后一句话是："不超过10英镑的经费，有权自行决定。"

这种极其有限的授权，实际上对员工的工作热情和士气是一个打击，更有可能的是，会对他的工作能力产生掣肘，让他没有自由空间，只有压力而无法施展。这样的授权，上级很放心，但是下级会很反感。

还有一种是过度授权。这样的结果又有可能从授权变成分权，也就是说下级把上级的权力分走了，领导被架空。上级以为自己是在偷空儿，其实是被蒙蔽了视听。更可怕的是，领导的权力被分出去了，一旦发生事故，领导还要承担连带责任，对于上级来说，这就变成了一件有责无权的尴尬事。如何避免这种情况的发生？理论上的正确做法是要培养下级的责任感和使命感。

"品德永远第一，可靠永远第一，有没有能力是其次。"这是很多身为领导者的想法，这也是为什么我们经常会看到一些看起来没有能力、完全不胜任某项工作的人坐在高高的位置上固若磐石，身为下级的我们会疑惑，为什么总会发生外行领导内行的事情？为什么总会发生沐猴而冠的令人气愤的事情？如果我们换位思考，站在这个上级的角度来看，或许就明白了，这个人没有别的好处，他可能具有一项对于领导来说最可靠的东西——忠诚。

而王夫人对于王熙凤的控制，却不是用这种方法，王熙凤的能力完全没有问题，她的忠诚呢？这是永远没有办法判断的。因为她虽然和王夫人是亲戚，但是这是娘家的关系，从夫家的关系来说，她永远是邢夫人的媳妇，这一点永远没有可能改变。所以，王夫人手上捏着一张牌，那就是未来的宝二奶奶，有了这张牌，王夫人就退可守，进可攻。她就等于是给王熙凤在未来的道路上设置了一个虚幻的竞争对手，王熙凤只要有一点点不忠诚，王夫人立刻就能换掉她，把她赶到邢夫人的那个小院子里去，和她最厌恶的婆婆朝夕相对。这种生活，对于王熙凤来说，是无法想象的。

但是，对于王熙凤而言，始终穿着一件"空雨衣"，滋味肯定不好受。因此她发展出了另外一种性格，那就是大权在握的时候，能捞就捞，权力是假的，信任是假的，那么只有金钱是真的。宝玉迟早要娶媳妇，要是娶到了药罐子林妹妹还好说一点，要是天不从人愿，老太太没给宝玉做主，到时候比她更能干、更有文化、更有城府、更得王夫人欢心的薛宝钗坐上了这个位置，那么她至少不至于白干这么些年。

这就是王熙凤，一个朝不保夕的职业经理人的心态。

王夫人对王熙凤的控制手段，在于"授其责任而不授其权力"，王熙凤永远是个代理的位置。

这里就涉及一个"空雨衣"的概念，这在经管理论上是一个形象的说法，当你发现自己在所处的职位上就像是一件空雨衣时，这意味着什么呢？那就是，你只不过是暂时占领这个角色的人。

就好像说企业里的一个位置，就好像是一个雨衣挂在那，里面是空的，这个位置像是一个人坐在那，其实它只是一个位置，每个人都可能进去，都能够穿上这件衣服，但是这个位置永远在。就像"铁打的营盘流水的兵"，其实我觉得企业也好，领导也好，员工也好，都会觉得这个位置在，前台永远有人坐，CEO（首席执行官）也永远有人坐，总裁永远有人坐，只不过今天是张总，明天是吴总，后天又变成了衡总。

但是穿上了"空雨衣"的这个人，他的个人感受会非常不好，因为他会觉得这个位置对于他来说，只不过是暂时的。当然这样做的好处是王熙凤就不敢不兢兢业业，永远有危机感。因为王夫人手上永远有一个权利，就是可以随时罢免王熙凤的职务，而将权力交给自己的儿媳妇。

如何用好一个职业经理人？

亦舒[①]有一部很著名的小说《喜宝》，小说中有一个很漂亮的女孩，嫁给了一个很有钱的男人，这个女孩就是小说的主人公喜宝，她说过一句话："我要找的男人，要么就给我很多很多的爱，要么就是给我很多很多的钱。"当然，现在女孩的心态不是这样了，大部分人都认为，一个男人，最好能够给我很多很多的爱，同时也给我很多很多的钱。职业经理人也是这么想的！

我觉得对职业经理人来说，其实想让他在这个企业里死心塌地地工作，也是要考虑到他像女孩一样的心态，就是希望这家公司能够给他很多很多的爱，也要给他很多很多的钱。那么公司怎么给职业经理人很多的爱呢？这就要有足够的平台，能够提升个人品牌，能够提升自己的能力，看到自己升值的希望。因为做职业经理人其实也是有很多等级的，像美国通用、IBM（国际商业机器公司）等这样的公司，他们从CEO到普通的员工，可能会有八九十级，可能中间有六十级都是职业经理人，但是第六十级到第九十九级的职业经理人之间还有一个上升通道，企业要让职业经理人培养出对公司很多很多的爱，就是要让他看到希望，看到自己在这个公司能够得到更好的发展，能够培养出更强的能力，能够在更多的平台上做出更大的事情。但是更重要的一点还是要给他很多钱，要给他足够的激励。

---

① 亦舒，1946年生于上海，祖籍浙江宁波。曾在《明报》任职记者，并担任电影杂志采访和编辑等。现为专业作家，移居加拿大。

长期激励机制的功能，主要是激发职业经理人产生长期努力的动机，形成长期积极行为，自觉主动地为公司的长远发展出主意、想办法、负责任，同时能长期自觉地约束自己的行为，防止出现"偷懒"动机和"搭便车"行为。

为什么贾母没有敛财？为什么王夫人没有敛财？为什么当上了宝二奶奶的薛宝钗也不会敛财？是她们不会吗？不，是她们没有这个必要去做这件事。荣国府就是她们的，对于这个家当，她们是拥有者，不是打工者，薛宝钗即便后来坐在了和王熙凤同样的位置上，她的性质也是不一样的，因为她拥有荣国府的期权，未来贾母的那个位置就是她的。可是王熙凤只是一个职业经理人，她对荣国府没有从属关系。

更重要的是，荣国府对于她的付出，也没有给出相应的激励。

当着那么多人的面，王熙凤肯定不会撒谎。李纨一个月10两的银子，是王熙凤的两倍，王熙凤作为管家，很辛苦，一个月也不过5两银子的月钱。李纨不过是带着姑娘们做做针线，调教着一个贾兰，寡妇开支又小。王熙凤管那么多的事，有那么大的支出，才拿5两银子，这就是严重的付出和回报不相协调。而她每个月经手的银子，又是成千上万的，找她办事的人也络绎不绝，如果不贪，可能我们都会觉得王熙凤实在清廉得有些出乎意料了。

所以，王熙凤之贪，一是因为薪酬不合理，二是因为从预期上看，她无可能成为最高领导者。因此对于企业没有认同感和归属感，才会产生捞得一票是一票的想法。

职业经理人经常自称"候鸟"，是因为他们总是飞来飞去，有很多时候，即使出现薪酬不合理，没有归属感的情况，他们也不会干出贪污的事来。因为他们的职业生涯可能注定他们很难从一而终，而贪污这类有损职业道德的事情一旦发生，将会严重影响到他们的个人品牌，降低他们的价值，影响他们的职业道路的发展。可是王熙凤也没有这个担忧，被人知道从油锅里也能捞出骨头来又怎么样？她是不可能跳槽的。

林黛玉没有领导力

就从我读过的几本《红楼梦》续书来看，林妹妹远比宝姐姐得人心，在续书中林妹妹基本都是女一号，而大力描写宝姐姐治家之才干的，我印象中只见过两部。因为在书中，林妹妹曾经无意中跟宝玉说过这么一句话，说她闲来没事替贾府算了算账，这些年来总是出的多、入的少，入不敷出的日子很让人担心。于是续书者们根据这句话，便发挥了令人咋舌的想象力，上天入地，通鬼神，还魂魄，硬是让已经去了离恨天的林妹妹又活了回来。

活回来还是其次，重要的是林妹妹这回可不是两手空空入京投奔外祖母的孤儿了，不是在棺材中发现林妹妹一生的眼泪全化作了极品大珍珠，就是在种满竹子的潇湘馆的地下，发现埋了大批量的真金白银；又或者突然多了一个弟弟，而这个弟弟在江南发达了还不忘姐姐，硬是要将自己的财产分她一半。而林妹妹也一改往日弱不禁风、多愁善感的性子，一回来就先是对宝玉不理不睬，带回来的这些珍珠、白银，也不像上次那么傻乎乎地交到贾琏夫妇这对油锅里也能捞起渣子的人手上，而是紧紧地攥在自己的手心里。

贾府还是那个入不敷出的样子，可是林妹妹现在成了大家的救命稻草，于是场面作足，又把先嫁了过去的宝姐姐从大老婆的宝座上拉了下来，林妹妹半推半就跟宝玉结了婚。后半本书，自然就要发挥林妹妹智商超群的特点，让她作了贾府的管家，并且知书达理，手段高明，把先前的凤姐比得无地自容，愧不敢言。最后夫荣妇贵，生儿育女，开枝散叶，宝玉和黛玉永远过着幸福快乐的日子。且不说这样的管家婆林妹妹还是不是宝玉梦魂缠绵中那个一尘不染、如冰似玉的妹妹，我觉得就算林妹妹真地吃了"九转还魂丹"又活了过来，她也未必就能当好这个家。

说起来，整部《红楼梦》，在管家的问题上给人留下深刻印象的，第一名应当是探春。在凤姐养病期间，以她为首的"三驾马车"把大观园整治得有声有色，探春的才干虽然是初试啼声，却已经一鸣惊人。第二位应该是凤姐，她的远见不如探春，这个可以归结为书读得少，但是在管理家族的具体事务和执行力上，她还是有过人之处的，"杀伐决断"这四个字，她绝对当之无愧。第三名，只怕要算宝钗了。宝姐姐屈居第三，有她天然的劣势，因为曹公的笔下，她虽然身为"三驾马车"中的一员，但因为毕竟是亲戚家的姑娘，所以以其含蓄、隐忍、圆滑的做事风格，绝对不会锋芒太露。等她成了宝二奶奶，终于把荣国府的牌掌握在手里的时候，荣国府却已经油尽灯枯，没有给她多少施展的机会了。但是，这个没有真正管理业绩的人能入我们的管家婆排行榜"三甲"，却是因为宝姐姐的管家婆素质的确过人。就像是哈佛大学招生，能从一些中学生的简历和作文中，看出这个人的领导潜力来，那么宝姐姐也是一样，曹雪芹浓墨重彩铺垫了几十章，让我们相信这个姑娘有见识、有手段、有心机、有耐力、有全局观又能照顾到细节，单是一个让上上下下都说好的本事，绝对是哈佛优质生的范本。

有这三个样本在前，假如林黛玉真的死而复生，那她究竟有没有可能大展其才，力压群芳，证明自己是一个优秀的管理者，一个称职的领导者呢？我看很难。

管理大师认为，出色领导人的特征之一是高"情商"——对他人的理解。这个论断很有道理，尤其是在中国，很多时候管理的过程就是一个沟通的过程，无论是向上沟通还是向下沟通。对于有些人来说，这个过程可能很痛苦，对于有些人来说，这个游刃有余的过程却是一种享受。薛宝钗是后一种人，老太太的屋里，王夫人的屋里，遍布着她的足迹，摆螃蟹宴的时候，她上上下下照顾得非常到位。长辈们对她是信任的，知道她是个好孩子，姐妹们对她是敬重的，丫鬟们对她是敬畏的。林黛玉的情商如何？刻薄、爱耍小性子，这不仅仅是我们读者看书得出来的结论，《红楼梦》原文对她也是这样评价的。她性格直率，看不惯的就说，得罪人亦无所谓。当然她是千金小姐，得罪一些丫头婆子姨娘自然不放在心上，但是，可还记得有一次宝玉想在老太太面前替林黛玉讨好，说"会说话的就讨人喜欢。"老太太心里知道宝玉想什么，却偏偏不接茬，反倒夸起了宝钗。这事，一般的解释是老太太把黛玉当自己人，所以说客套话，夸宝钗。我倒觉得，这话不妨就按照字面意思理解，会说话的是讨人喜欢，但是凤姐那种花言巧语、面面俱到、八面玲珑型的，却未必是林黛玉这种类型。

　　更多的人认为，领导人最重要的才能是决断力。因为没有人会喜欢朝令夕改的老板，更讨厌面对形势变换的时候束手无策、不能做出正确决断的老板，员工们喜欢在任何事情上都很果断的老板。从任用员工、租用办公室到企业发展战略，老板的决断直接影响到员工前进的方向。因此，有人认为，即便做出错误的决定以后再改也比犹豫不决好。

　　林黛玉一生中遇到最重大、最需要决策的事情，就是她的婚姻大事了。虽然她和她的情哥哥两情相悦，两心相许——先不说这期间因为两个人有话不好好说，在贾府里搅出了多少风波，但真正成就心事，在那个时代仅仅郎有情、妾有意是没有用的。林黛玉为这个终极目标，做过努力吗？没有，完全没有。事实上，她并不是一开始就落败的，贾母心疼她就是最好、最大的优势，她却没有利用。

未来婆婆王夫人处，从来不见她去笼络。上层路线不走，下层民意不煽动还落得一个小性子、刻薄嘴的名声。甚至丫鬟紫鹃劝她要早做打算时，她也不过是害羞地啐了一口，骂了几句，然后独自垂泪到天明。她挖苦薛宝钗的一句话，用回她自己身上，却是最恰当的，"哭出一缸眼泪来，也医不好棒疮"。遇事不积极进取，有目标而没有行动，更没有战略战术，林黛玉对于自己的人生，就缺乏好的管理。

管不好自己，管别人如何？林黛玉最强项，就是写诗了，大观园结了两次诗社，每次她都脱颖而出。这是业务水平高，但是领导水平如何？集结团队，确定每次的主题、拟韵、拟诗体，这些能体现领导能力的事情是谁在做？李纨和薛宝钗。那一年海棠社更名为桃花社，林黛玉领了社主一职，因为自己刚刚做了一首桃花诗，黛玉便说："大家就要桃花诗一百韵。"宝钗道："使不得，从来桃花诗最多，纵作了必落套，比不得你这一首古风，须得再拟。"一句话就打消了她的念头。接着她又组织大家填词，这个主意是谁想的呢？却是湘云提议说："咱们这几社总没有填词，你明日何不起社填词，改个样儿，岂不新鲜些。"黛玉听了，偶然兴动，便说："这话说的极是，我如今便请他们去。"

看到此处，不得不说，林黛玉诗才惊人，却不是一个拿得了主意的人，并且能坚持自己的主张，为自己的主张寻找合理性与合法性。这样的性格，如何能做得了领导者？所以说，知识分子很少能成为伟大的领导者，他们要么空谈，要么埋头苦干还不讨好。真正的领导者应该坐言起行，是一个对当前秩序不耐烦的行动派，是一个意志力强大而不敏感的人。

优秀的领导者再不需要业务突出、技术过关，外行领导内行的事在这个年代屡有奇效，卖薯片和卖芯片没有区别，他们完全不需要林黛玉这样杰出的才华，但他们知道如何去感染和鼓舞员工，带领员工向一个方向前进。从这个角度来说，从几次诗社的活动来看，不仅宝钗分外夺目，连自称不太会做诗的李纨，都是一个比林黛玉更合格的领导者。

虽然我不喜欢以成败论英雄，但是我非常同意这句话："最优秀的领导者一定是赢家。他们可能只有51%的时间是正确的，但这样仍然可以走向胜利。"

林氏行为艺术

个人感觉，从《红楼梦》成书到中国改革开放前这几百年的时间里，"钗黛之争"是林黛玉占绝对优势，她两弯似蹙非蹙罥烟眉，一双似喜非喜含情目。态生两腮之愁，娇袭一身之病。泪光点点，娇喘微微。闲静时如姣花照水，行动处似弱柳扶风。心较比干多一窍，病如西子胜三分，满腹诗书气自华，品性纯真，爱得深沉、死得悲壮，怎能叫人不爱她？而宝钗，虽然品格端方，容貌丰美，人多谓黛玉所不及。而且宝钗行为豁达，随分从时，不比黛玉孤高自许，目无下尘，故比黛玉大得下人之心。不过也就是小丫头们喜欢跟宝钗玩，才子名士们一般都不太看得起这样世俗的美人。

不过时代是进步的，到了现在，可就难说了。因为现在无论是少女、小白领还是女强人，嘴里说不出口，对于自己是个富家女的期望值远远高于才女。多情女子午夜梦回，银牙咬碎恨那薄情郎不爱自己，也常怪自己没有托生在好人家，都怪父母没带给她一副好相貌，却没有人悔恨自己不晓得吟诗、作画、唱昆曲。

如果哪位姐妹不幸被上帝选中做了才女，也并非没有活路，只要记住千万以林黛玉前车为鉴。在这里，本人要提出一个大疑点，这林黛玉常听得母亲说过，她外祖母家与别家不同。她近日所见的这几个三等仆妇，吃穿用度，已是不凡了，何况今至其家。因此步步留心，时时在意，不肯轻易多说一句话，多行一步路，唯恐被人耻笑了她去。慈悲心肠的人看到这里，不免鼻子一酸就要掉下泪来。但是我认为大多数人对林黛玉的这句话有误读，而误读了这句话，对林黛玉的性格特点、所作所为也就有了误解。

这句话的前面几句是祖母家与旁人不同，看来接她的几个三等仆妇，吃穿用度都与旁人不同，也与林家不同，与她家乡很不同。后一句是唯恐被他人耻笑了去，贾家的仆人，咱们是见得多了，没几盏省油的灯，也颇多几个狗仗人势、狗眼看人低的。因此，林黛玉怕的，想必是她的姑苏口音与京都口音不同，怕被人耻笑，所以不敢多说一句话，想去洗手间却闯进了厨房，就难免被下人们耻笑她没见识，小家子气，所以不敢多走一步路。

　　也的确蛮小心、谨慎的，吃完饭，各有丫鬟用小茶盘捧上茶来。当日林如海教女以惜福养身，云饭后务待饭粒咽尽，过一时再吃茶，方不伤脾胃。今黛玉见了这里许多事情不合家中之式，不得不随的，少不得一一改过来，因而接了茶。早见人又捧过漱盂来，黛玉也照样漱了口。盥手毕，又捧上茶来，这方是吃的茶。贾母因问黛玉念何书。黛玉道："只刚念了'四书①'"黛玉又问姊妹们读何书。贾母道："读的是什么书，不过是认得两个字，不是睁眼的瞎子罢了！"听老太太这么说，一会儿宝玉来了，问妹妹读什么书啊，黛玉就道："不曾读，只上了一年学，些须认得几个字。"

　　宝玉摔了玉，晚上她就自己哭得伤心，袭人来劝道："姑娘快休如此，将来只怕比这个更奇怪的笑话儿还有呢！若为他这种行止，你多心伤感，只怕你伤感不了呢。快别多心！"黛玉道："姐姐们说的，我记着就是了。究竟那玉不知是怎么个来历？上面还有字迹？"袭人道："连一家子也不知来历，上头还有现成的眼儿，听得说，落草时是从他口里掏出来的。等我拿来你看便知。"黛玉忙止道："罢了，此刻夜深，明日再看也不迟。"这一天下来，真是没有多走一步路，没有说错一句话，若是按这

━━━━━━━━
① 四书，指《论语》、《孟子》、《大学》和《中庸》。

个势头发展下去，宝姐姐来了，也未必能抢了她的风头。

可惜，是狐狸总是会露出尾巴的。等到她把京城口音学到十足，府里的地形也烂熟于心之后，她说的话，可从来不比哪个少。根本不是大家所想象的那般，告诫自己以后事不关己就莫出声，谨小慎微、夹起尾巴作人。黛玉进府的年纪，向来红学家们有争论，总是五岁以上十岁以下，那时若就能懂得在他人家居住要严守"谨慎"二字，何以越大越不像话，言词尖酸刻薄。人人一团高兴，她独在一旁"放冷箭"，说风凉话，气得贾府的心肝宝贝贾宝玉直跳脚？当着老太太的面跟宝玉吵了多少回了？要不老太太也不会说他们两个是冤家。

可见林黛玉从没想过寄人篱下就要有寄人篱下的专业精神，当然她作为人格高尚、伟大的艺术形象，搞出这样的行为艺术来，是有她自己的道理的，那就是"我是为了我的心。"

能以自己的心灵作为生命的向导，是哲学青年一生追求的目标，只是我们职场青年，这等"恶习"，还是离得越远越好。有个性不是不识时务的通行证。

贾环害死林妹妹

周汝昌先生写文章推断：按照曹雪芹的本意，林妹妹应该是贾环害死的。那个时候贾母已经去世，宝玉为了家事获罪拿问，凤姐正在生病，赵姨娘和贾环便趁机作乱。赵姨娘最恨的就是宝玉，伤害了黛玉就能最深刻地伤害到宝玉。于是她一面诬陷黛玉与宝玉有了不才之事，一面叫贾环找了个机会，到给黛玉配药的地方去，换了与她病情大为相反的药，大致是些大热的药。黛玉吃了药，病情剧烈加重，自度难以好转，于是了无生趣，在一个月冷清波的晚上，一个人悄悄来到水潭边，自沉了。

看起来很惊心动魄，后来想，却也不能全怪贾环。一样是贾府的正经主子，不过是没福气托生在太太肚子里，可是贾府上下庶出的爷多得是，哪个像他混得这么惨的？别的不说，大观园落成，贾妃叫家里的兄弟姐妹们住进去，贾政庶出的女儿也住了，比他年纪还大的宝玉也住了，李纨带着贾兰也住了，却没人说一句，贾环也是贾妃的兄弟。是啊，这个神仙一样的府邸，世外的仙源，原是不配他来住的。宝钗、香菱、莺儿三个赶围棋作耍，贾环见了也要玩，曹雪芹要特意加一句，"宝钗素习看他亦如宝玉，并没他意。今儿听他要玩，让他上来坐了一处。"以示宝钗为人之宽厚随和，可见平日里，一般的姐妹对贾环是什么态度，看了这句话，直是刺心。

头一回自己赢了，心中十分欢喜。后来接连输了几盘，便有些着急。赶着这盘正该自己掷骰子，若掷个七点便赢，若掷个六点，下该莺儿掷三点就赢了。因拿起骰子来，狠命一掷，一个作定了五，那一个乱转。莺儿拍着手只叫"幺"，贾环便瞪着眼喊道："六——七——八——"。那骰子偏生转出幺来。贾环急了，伸手便抓起骰子来，然后就拿钱，说是个六点。莺儿便说："分明是个幺！"宝钗见贾环急了，便瞅莺儿说道："越大越没规矩，难道爷们还赖你？还不放下钱来呢！"莺儿满心委屈，见宝钗说，不敢作声，只得放下钱来，口内嘟囔说："一个作爷的，还赖我们这几个钱，连我也不放在眼里。前儿我和宝二爷玩，他输了那些，也没着急。剩下的钱，还是几个小丫头子们一抢，他一笑就罢了。"宝钗不等说完，连忙断喝。贾环道："我拿什么比宝玉呢。你们怕他，都和他好，都欺负我不是太太养的。"

这是第二十回，宝玉才几岁，比探春还小的贾环能有几岁？一个十来岁的小孩子说出这样的话来，可见平时受了多少委屈。见了宝玉来，也不敢哭了，据说是府里的规矩，兄弟怕哥哥。其实，贾政怕过贾赦吗？贾琏怕贾珍吗？宝玉怕贾琏吗？恐怕也只是贾环见了这所有的哥哥，都怕吧。

赵姨娘曾经隔着窗子骂贾环，恰巧凤姐在窗外过，都听在耳内。便隔窗说道："大正月又怎么了？环兄弟小孩子家，一半点儿错了，你只教导他，说这些淡话作什么！凭他怎么去，还有太太老爷管他呢，就大口啐他！他现是主子，不好了，横竖有教导他的人，与你什么相干！环兄弟，出来，跟我玩去。"贾环素日怕凤姐比怕王夫人更甚，听见叫他，忙唯唯的出来。赵姨娘也不敢则声。凤姐向贾环道："你也是个没气性的！时常说给你：要吃，要喝，要玩，要笑，只爱同哪一个姐姐，妹妹，哥哥，嫂子玩，就同哪个玩。你不听我的话，反叫这些人教的歪心邪意，狐媚子霸道的。自己不尊重，要往下流走，安着坏心，还只管怨人家偏心。"

然而冷眼看去，贾环不在赵姨娘这里，又能到哪里去呢？究竟是赵姨娘安了坏心在先，还是人家偏心在后，这个算是无头公案，不过也算得上互为因果的了。因此，我倒觉得是全府上下齐心协力将贾环推入赵姨娘的怀中，除了这个庶母，还有谁真正关心他？只是任他如何折腾，府里的人从来没把贾环放在心上，就凭他，就凭那个赵姨娘，任由他去造反，又能做出多大的事来？

再想不到结果反是他害了宝玉最深。早知如此，何必当初硬要与他做敌人？

在这个世界上，宁结交一个不真心的朋友，好过造一个真心作对的敌人。

《左传》中写"郑伯克段于鄢"，史家评论这个"伯"字，写尽春秋笔法。明知同胞弟弟有错，不早加规劝，令其改正，反而有意纵容其一步步走远，最后关头才一举消灭的做法，实在不算仁义。贾府对贾环，也是如此，只是，手段不如郑伯高明，牺牲了无辜的林妹妹。

谁是凤姐的敌人?

我的朋友阿梅是个很能干的人，聪明又乖巧，做总经理助理任劳任怨，难能可贵的是，她锋芒不露。不过她有一点很失败，就是她的上司总是对她心存芥蒂，处处提防着她。

阿梅也是人，在公司装笑脸，背后难免骂几句上司。我听了好笑，便问她："谁是凤姐的敌人？"

这个问题一问出口，阿梅就笑了："人人都是凤姐的敌人，老太太是个偏心眼，虽然也疼她，私房钱却也攒得紧紧地等着留给宝贝孙子，公公是个色鬼，婆婆是个糊涂虫，除了奉承公公就是给她拆台，老公是个败家子，姐妹们成日吟诗作画，伸手要钱，还有两个美貌如花、才高八斗的表姐妹，就等着作了孙媳妇好接了她的班，手下那些丫头小厮就更别提了，背后嚼舌头的功夫比正经做事的功夫强了百倍。说来这凤丫头的景况，才真是风刀霜剑严相逼，真难为她怎么就处理得井井有条、滴水不漏的。"

阿梅说得不错，职场的世界，说得小资一点是有人的地方就有江湖，说得深沉一点是，他人就是你的地狱。贾琏的跟班兴儿吃了尤二姐两碗酒，就笑嘻嘻地在炕沿下一头吃，一头将荣府之事备细告诉她们母女。又说："我是二门上该班的人。我们共是两班，一班四个，共是八个。这八个人有几个是奶奶的心腹，有几个是爷的心腹。奶奶的心腹我们不敢惹，爷的心腹奶奶的就敢惹。提起我们奶奶来，心里歹毒，口里尖快。我们二爷也算是个好的，哪里见得他。倒是跟前的平姑娘为人很好，虽然和奶奶一气，他倒背着奶奶常作些个好事。小的们凡有了不是，奶奶是容不过的，只求求他去就完了。如今合家大小除了老太太、太太两个人，没有不恨他的。皆因他一时看得人都不及他，只一味哄着老太太、太太两个人喜欢。他说一是一，说二是二，没人敢拦他。又恨不得把银子钱省下来堆成山，好叫老太太、太太说他会过日子，殊不知苦了下人。估着有好事，他就不等别人去说，他先抓尖儿，或有了不好事或他自己错了，他便一缩头推到别人身上来，他还在旁边拨火儿。如今连他正经婆婆大太太都嫌了他，说他'雀儿拣着旺处飞，黑母鸡一窝儿，自家的事不管，倒替人家去瞎张罗'。若不是老太太在头里，早叫过他去了。"

兴儿总结得好，说她嘴甜心苦，两面三刀，上头一脸笑，脚下使绊子，明是一盆火，暗是一把刀：都占全了。把凤姐说成是这样的母老虎，难道真的就没人敢惹她，她就"武功"天下第一，打遍贾府无敌手了吗？

当然不是，凤姐最后还是折在某个人手里，一败涂地。以我所见，此人隐藏得很深，骗过了才女阿梅和世人雪亮的眼睛。不是恶婆婆，婆婆不够聪明，虽然想了很多法子整治她，却也起不了什么大的作用，反而搬起石头砸自己的脚。有她存在其实是个好事，因为她跟凤姐是对头，在老太太面前扮委屈的时候，这个糊涂婆婆就是最好的理由。也不是病秧子林妹妹，林妹妹人虽聪明，但孤高自许，即便作了孙媳妇，也未必会费那个闲心管这些俗事。她跟宝贝孙子正好凑成一对富贵闲人，典型的二世祖。林妹妹又显然不太讨王夫人的欢心，娶了她过门，王夫人也不见得放心把家当交给她。宝钗就不同了，她每天去王夫人那里请安两趟，薛姨妈和王夫人两姐妹又有说不完的话，王夫人见了宝钗就"我的儿，我的儿"的，疼得不得了。人人皆知王夫人最嫌浓妆艳饰、语薄言轻者，不巧，凤姐可不正是一天到晚打扮得花枝招展，言语轻薄随便，处处争风的？因此，王夫人应该也不怎么喜欢凤姐，不过眼前用得着她，所以笼络着她。等那个打扮朴素，从来不爱戴些花儿朵儿，又不随便说话打趣，人人都谓守拙的宝钗进了门，那可就不得了了，立马窜过凤姐的头去了。所以凤姐根本不可能狠心地对待黛玉、力捧宝钗。高鹗后来写的调包记，我觉得并不可靠。凤姐疯了才会找个比自己聪明能干、得人心的人进来革了自己的命呢。也不算我们那个到处乱窜泄露机密的傻大姐，这个大概只相当于RPG游戏^①里拿来练级的小妖怪，有些能耐，但无关大局。傻大姐搞出来的风波虽然总在意料之外，王总经理见识高，手段狠，费点劲还是能摆平的。

---

① RPG游戏，英文全称为Role-playing Game，即角色扮演游戏。在游戏中，玩家负责扮演这个角色在一个现实或虚拟的世界中活动。玩家负责扮演这个角色在一个结构化规则下通过一些行动令所扮演角色发展。玩家在这个过程中的成功与失败取决于一个规则或行动方针的形式系统。

其实兴儿的话里，已经把这个人点出来了，"倒是跟前的平姑娘为人很好，虽然和奶奶一气，他倒背着奶奶常作些个好事。小的们凡有了不是，奶奶是容不过的，只求求他去就完了。"没错，凤姐最大的敌人是身边那个知根知底、知情知趣、花言巧语、人缘比她还好的丫头平儿。一有机会不仅扶了正，女儿巧姐还得管她叫太太。王熙凤要知道，准气得火冒三丈。

阿梅的老板作为总经理看来深谙此道，知道早早下手提防着阿梅，不给她收买人心、高筑墙广积粮的机会，其实是个防患于未然的老辣招数。阿梅跟我倒也不讳言，她岂能没有它日取而代之的心啊。

凤蓉姐弟恋

不喜欢凤姐的人，经常说她其实是个淫荡的人，不仅大白天跟贾琏关起门来胡搞，白昼宣淫可不是良家妇女的行为。又说她跟宁府的小蓉大爷，颇有些不清楚。焦大喝醉了酒骂街那次说："两府里男女关系混乱，我要往祠堂里哭太爷去。哪里承望到如今生下这些畜生来！每日家偷狗戏鸡，爬灰的爬灰，养小叔子的养小叔子，我什么不知道？咱们'胳膊折了往袖子里藏'！"众小厮听他说出这些没天日的话来，吓得魂飞魄散，也不顾别的了，便把他捆起来，用土和马粪满满地填了他一嘴。

爬灰的是贾珍跟他儿媳妇秦可卿，养小叔子的又是谁呢？尤氏跟贾琏？凤姐跟宝玉？李纨跟宝玉？越说越不像了，于是就有人说，是凤姐跟贾蓉吧，虽说辈分差了一辈，但年级相差不大，算个姐弟恋，也还说得过去。不然，为什么焦大骂人的时候，单说凤姐和贾蓉遥遥听着便都装作没听见。宝玉在车上见这般醉闹，倒也有趣，因问凤姐道："姐姐，你听他说'爬灰的爬灰'，什么是'爬灰'？"凤姐听了，还连忙立眉瞋目断喝道："少胡说！那是醉汉嘴里混吣，你是什么样的人，不说没听见，还倒细问！等我回去回了太太，仔细捶你不捶你！"吓的宝玉忙赔不是："好姐姐，我再不敢了。"凤姐这番作态，是不是有些心虚？

却说凤姐跟贾蓉两个，平日里好像的确走动颇多，难免令人生疑。贾瑞恋上凤姐那会儿，她谁也没找，只叫了贾蓉去捉弄贾瑞，贾蓉也带着贾蔷出了大力气给贾瑞"穿小鞋"。等到了建大观园等元妃省亲的时候，贾蓉的"死党"贾蔷动了心思，对贾琏说："下姑苏聘请教习，采买女孩子，置办乐器行头等事，大爷派了侄儿，带领着来管家两个儿子，还有单聘仁，卜固修两个清客相公，一同前往，所以命我来见叔叔。"贾琏听了，将贾蔷打量了一番，笑道："你能在这一行吗？这个事虽不算甚大，里头大有藏掖的。"贾蔷笑道："只好学习着办罢了。"贾蓉在身旁灯影下悄拉凤姐的衣襟，凤姐会意笑着说道："你也太操心了，难道大爷比咱们还不会用人？偏你又怕他不在行了。谁都是在行的？孩子们已长的这么大了，'没吃过猪肉，也看见过猪跑'。大爷派他去，原不过是个坐纛旗儿，难道认真的叫他去讲价钱会经纪去呢！依我说就很好。"

有一次，贾蓉对凤姐说："我父亲打发我来求婶子，说上回老舅太太给婶子的那架玻璃炕屏，明日请一个要紧的客，借了略摆一摆就送过来。"凤姐道："说迟了一日，昨儿已经给了人了。"贾蓉听着，嘻嘻地笑着，在炕沿上半跪道："婶子若不借，又说我不会说话了，又挨一顿好打呢。婶子只当可怜侄儿吧。"凤姐笑道："也没见你们，王家的东西都是好的不成？你们那里放着那些好东西，只是看不见，偏我的就是好的。"贾蓉笑道："哪里有这个好呢！只求开恩吧。"凤姐道："若碰一点儿，你可仔细你的皮！"因命平儿拿了楼房的钥匙，传几个妥当人抬去。贾蓉喜得眉开眼笑，说："我亲自带了人拿去，别由他们乱碰。"说着便起身出去了。

这里凤姐忽又想起一事来，便向窗外叫："蓉哥回来。"外面几个人接声说："蓉大爷快回来。"贾蓉忙复身转来，垂手侍立，听何指示。那凤姐只管慢慢地吃茶，出了半日的神，又笑道："罢了，你且去吧。晚饭后你来再说吧。这会子有人，我也没精神了。"贾蓉应了一声，方慢慢地退去。

这两个人，说他们暧昧还真是挺暧昧的，比现今传的那些明星绯闻，证据还要确凿一些呢。不过也不奇怪，这样的办公室恋情，如今也不罕见。

我有一个朋友，身为某外企行政总监，打拼多年，身居高位却仍待字闺中。平时一脸严肃，扣子一直扣到下巴，我们这些朋友私下里说起来，觉得她大概是铁了心要一辈子作老姑婆了。谁知近来春风满面，衣着大胆，言行温柔，仿佛变了一个人。一打听，才知道她正跟一个比她年轻九岁的公司市场部的小职员热恋呢，让我们这些朋友大吃一惊。

我忍不住好奇地问我的这位朋友，究竟是怎么走到一起的。朋友拍拍自己的脑袋说，我究竟有多少才干，有多大威信，我自己很清楚，在公司的职位就说明一切了。也许对于男人来说，有才干就有了一切，对于女人，尤其是不再年轻的女人，却更希望受到承认的，是自己的相貌、身体。大家听了不由鼓噪说："不会吧，你也这么庸俗，喜欢人赞你美女啊。"

朋友大笑道："从小到大被人赞厉害、聪明、能干，听了几十年还不厌啊。何况，我年轻的时候一心拼搏，错失姻缘，午夜孤单时也是后悔的。如今真是感觉自己又年轻了好几岁。再说，没有女人不虚荣不爱美的，被一个比自己年轻的男人喜欢，证明自己的魅力，其中滋味，可是比年终分花红更有趣。"

大家忍不住说，女人心底对爱情总是抱有一份理想的，而不像男人会逢场作戏。所以姐弟恋时下虽然流行，但实在没有几个有好结果，如果为了追风，伤了自己就不好了。不过，我们的"乌鸦嘴"好像没有显灵，前几天接到电话让准备红包，这个朋友的姐弟恋，竟然修成了正果。

贾瑞 VS 贾蔷

贾瑞和贾蔷这两人，除了同姓了一个贾字，其他真是没什么可比较的，连辈分都是不同的。我对贾瑞记得最深的也就是，一天晚上，他被凤姐哄到空屋子里，等了大半夜，好容易进来一个人，贾瑞以为是凤姐，不管皂白，饿虎一般，等那人刚至门前，便如猫捕鼠一般，抱住叫道："亲嫂子，等死我了。"说着，抱到屋里炕上就亲嘴扯裤子，满口里"亲娘""亲爹"的乱叫起来。那人只不作声。贾瑞拉了自己裤子，硬邦邦的就想顶入。忽见灯光一闪，只见贾蔷举着个捻子照道："谁在屋里？"只见炕上那人笑道："瑞大叔要臊我呢。"贾瑞一见，却是贾蓉，真臊得无地可入，不知要怎么样才好。写了张50两银子的欠条，出门蹲在院子里，头顶上一声响，一净桶尿粪从上面直泼下来，可巧浇了他一身一头。贾瑞掌不住哎呦了一声，忙又掩住口，不敢声张，满头满脸浑身皆是尿屎，冰冷打战。只见贾蔷跑来叫："快走，快走！"贾瑞如得了命慌忙逃走。

纵使贾瑞后来送了性命，也多人说他是个色中饿鬼，不值得同情。至于贾蔷，却都记得那个只见赤日当空，树阴合地，满耳蝉声，静无人语的午后。宝玉刚到了蔷薇花架，只听有人哽咽之声。宝玉心中疑惑，便站住细听，果然架下那边有人。如今五月之际，那蔷薇正是花叶茂盛之际，宝玉便悄悄地隔着篱笆洞儿一看，只见一个女孩子蹲在花下，手里拿着根绾头的簪子在地下抠土，一面悄悄地流泪。看那女子眉蹙春山，眼颦秋水，面薄腰纤，袅袅婷婷，大有林黛玉之态。宝玉早又不忍弃她而去，只管痴看。只见她虽然用金簪划地，并不是掘土埋花，竟是向土上画字。宝玉用眼随着簪子的起落，一直、一画、一点、一勾的看了去，数一数，十八笔。自己又在手心里用指头按着他方才下笔的规矩写了，猜是个什么字。写成一想，原来就是个蔷薇花的"蔷"字。里面的原是早已痴了，画完一个又画一个，已经画了有几千个"蔷"。外面的不觉也看痴了，两个眼睛珠儿只管随着簪子动。贾蔷本人虽然没有出场，却偏偏让人就此记得他是一个面如美玉、风流俊俏的小郎君，而龄官画蔷更是成了一个浪漫美丽的典故。

所以说人对人的印象就是这么奇怪，会因为一件糗事而丢分，也会莫名其妙因为一件他本人都不知道的浪漫美事而加很多分。那贾瑞究竟是个什么样的人？他是贾家硕果仅存的太爷辈贾代儒的孙子，虽然没有宁、荣二府的富贵，却是个书香门第，贾代儒是一个德高望重，严肃方正的人。书中说贾代儒治孙甚严，从不让他多走一步，就怕他在外面喝酒赌钱，误了学业。贾瑞第一次给凤姐哄出去空等了一夜，第二天一早回去撒谎说往舅舅家去住了一夜，代儒道："自来出门，非禀我不敢擅出，如何昨日私自去了？据此亦该打，何况是撒谎。"因此，发狠到底打了贾瑞三四十板，不许吃饭，令他跪在院内读文章，定要补出十天的功课来方罢。贾瑞直冻了一夜，今又遭了苦打，且饿着肚子，跪着在风地里读文章，其苦万状。家教不可谓不严，只可惜矫枉过正，日日只知道督促他做功课，二十几岁都没娶妻，见到凤姐这样的妖娆少妇便神魂颠倒，此事却也当真怪不得贾瑞。

再说贾蔷，他是宁府中之正派玄孙，父母早亡，从小跟着贾珍过活，长到十六岁，比贾蓉生得还风流俊俏。他们两人之间就有些不清不楚，贾珍听到了，反倒分了些房舍给他，让他自立门户去了。这贾蔷外相既美，内性又聪明，小小年纪，哪里知道什么自力更生？不过天天斗鸡走狗，赏花玩柳。总恃上有贾珍溺爱，下有贾蓉匡助，因此族人也没人敢来触逆他。后来走了贾蓉跟凤姐的关系，讨了一个下江南聘请教习，采买女子的美差，近水楼台哄了青衣龄官上手。龄官就是那个著名的眉眼模样也有些像林妹妹的女子，两人情定梨香院的时候还是好的，但一旦戏班子遣散，贾蔷又如何敢娶龄官，终究还不是辜负了。

说到这里，倒想起我自己上学的时候，门门功课都很好，谁知上了高中以后，物理课突然就听不懂了，竟然考到差点不及格。拉下了我的平均分，就再也考不到年级第一，最后含泪去了文科班，至今要卖字赚钱。

做人和做功课一样，不能被某一项拉了后腿，要找些事来给自己添分，这样平均分才会高。简单地说，在办公室也是一样，勿以恶小而为之，勿以善小而不为，也是一条生存之道。

焦大是个有功劳的人

这个叫焦大的，在《红楼梦》中本是个小人物，出场不多，话也不多。只是鲁迅说了一句"贾府的焦大，是不会爱上林妹妹的。"惹得后世许多有聊抑或无聊的人将焦大当作了工人阶级的代表，和以林妹妹为代表的资产阶级小姐画上了对立符号，当真是冤枉死了，焦大究竟有没有见过林妹妹，都有待考证。

当然，让焦大名垂青史的，除了鲁迅一句无心之说，更重要的是他自己喝醉了酒，骂的那段提纲挈领的话："我要往祠堂里哭太爷去。哪里承望到如今生下这些畜生来！每日家偷狗戏鸡，爬灰的爬灰，养小叔子的养小叔子，我什么不知道？咱们胳膊折了往袖子里藏！"这段话让焦大从此在红学家的研究对象中至少可以名列前十。并被无数对秦可卿身世死因有兴趣的人不断提起。因为曹雪芹下手太狠，把秦可卿在天香楼跟公公贾珍通奸被人撞破又上吊的情节删得一干二净，要不是焦大骂爬灰，又哪能那么容易想到秦可卿死后尤氏说胃痛，贾珍哭得死去活来还有这么个缘由呢。

可惜，焦大在骂爬灰之前说的那段话，被经常性地忽略，他破口大骂了大总管赖二一顿，他说："没良心的王八羔子！瞎充管家！你也不想想，焦大太爷跷跷脚，比你的头还高呢。二十年头里的焦大太爷眼里有谁？别说你们这一起杂种王八羔子们！"这段话告诉我们，焦大曾经是风光过的，这些风光无限的大总管，曾经在他眼里是不起眼的王八羔子，因为焦大从小儿跟着太爷们出过三四回兵，从死人堆里把太爷背了出来，得了命，自己挨着饿，却偷了东西来给主子吃，两日没得水，得了半碗水给主子喝，他自己喝马尿。这是何等的功劳，何等的忠心，赖二、周瑞、林之孝这些大管家，哪里比得上？

可是如今看看，焦大还是在马房里干活，管家欺负他，半夜三更送人的活就派给了他，太太、少奶奶们不耐烦他，都说就当他死了，而那些没有这样的功劳的管家，比如赖大，儿子能当上县官，家里一样能起上花园楼阁，请上丫鬟家丁。得闲了还能请贾府的太太、小姐们去花园里听戏，对三小姐进行一次承包责任制的教育。

焦大是个有功劳的，贾府的人其实也都没忘，但是焦大没有在和平年代里为贾府锦上添花的能力，不能与时俱进，终究被人嫌弃。焦大最后能在马房混口饭吃，已经是贾府的仁慈了，且看今日的公司企业，多少风光一时无两的知识英雄、IT精英，投资人一句话就乖乖收拾东西走人了。

还是那句老话，功劳是不能吃一辈子的，打工也要与时俱进。

傻大姐的巨大杀伤力

坐长途飞机，真是漫漫长夜无心睡眠，看着一机舱睡得东倒西歪的人，我常常想人生真是奇妙，毫无关联的几百人在一个封闭的空间里肆无忌惮地展示自己最真实、最可笑的一面。当然啦，也不排除专门有人走耍宝路线赚大钱的，比如我们著名的大嘴美女"朱丽叶萝卜丝"[①]姐姐，看着头顶的小屏幕上她费劲地扮着一个20世纪50年代追求自由、思想开放的艺术史教师，心中着实怀念那个顶一头耀眼红发，吃没吃相，坐没坐相，看歌剧哭得眼泪鼻涕横飞的妓女。在这个世界上，人人唯恐自己不够聪明，却日日希望身边所有的人都是白痴才好。因此电视电影里总有那么几个人，职业就是扮傻婆，以娱乐大众，满足聪明人愚蠢的自尊心。

真傻也好，假傻也罢，她们貌不出众，一无所长，眼神无邪，她们是大家的开心果，是比上不足时用来心理安慰的比下有余，因此她们是和办公室里的传真机、复印机一样不可或缺的"办公必备用品"，她们是《西游记》里的猪八戒，是《红楼梦》中的傻大姐。

说起这个傻大姐，原来这傻大姐年方十四五岁，是新挑上来的与贾母这边提水桶、扫院子专作粗活的一个丫头。只因他生得体肥面阔，两只大脚作粗活简捷爽利，且心性愚

[①] 美国女演员茱莉亚·罗伯茨的谐音。

顽，一无知识，行事出言常在规矩之外。贾母因喜欢他爽利便捷，又喜他出言可以发笑，便起名为"呆大姐"，常闷来便引他取笑一回，毫无避忌，因此又叫他作"痴丫头"。他纵有失礼之处，见贾母喜欢他，众人也就不去苛责。这丫头也得了这个力，若贾母不唤他时，便入园内来玩耍。

　　傻大姐自七十三回粉墨登场，该作的正经事没见她做，连丫鬟们最简单的工作——递盘子、扫地都未见指使到她，却成就了两件惊天动地的大事。一次在园内掏促织，忽在山石背后得了一个五彩绣香囊，其华丽精致，固是可爱，但上面绣的并非花鸟等物，一面却是两个人赤条条的盘踞相抱，一面是几个字。这痴丫头原不认得是春意，便心下盘算："敢是两个妖精打架？不然必是两口子相打。"左右猜解不来，正要拿去与贾母看，是以笑嘻嘻地一边看，一边走，忽见了邢夫人便欢天喜地拿出来献宝，"太太真个说得巧，真个是狗不识呢。太太请瞧一瞧。"说着，便送过去。邢夫人接来一看，吓了个半死，揭开了后半部悲剧的开始；第二次坐在亭子里抽抽搭搭地哭，看见黛玉来了就哭诉缘由，倒是说了个清楚明白："我们老太太和太太二奶奶商量了，因为我们老爷要起身，说就赶着往姨太太商量把宝姑娘娶过来吧。头一宗，给宝二爷冲什么喜，第二宗……"说到这里，又瞅着黛玉笑了一笑，才说道："赶着办了，还要给林姑娘说婆婆家呢。"黛玉已经听呆了。这丫头只管说道："我又不知道他们怎么商量的，不叫人吵嚷，怕宝姑娘听见害臊。我白和宝二爷屋里的袭人姐姐说了一句：'咱们明儿更热闹了，又是宝姑娘，又是宝二奶奶，这可怎么叫呢！'林姑娘你说我这话害着珍珠姐姐什么了吗，他走过来就打了我一个嘴巴，说我混说，不遵上头的话，要撵出我去。我知道上头为什么不叫言语呢，你们又没告诉我，就打我。"说完了自己还挺伤心。

结果，大观园这座世外仙源最大的两场风波由此而生，直闹了个天翻地覆。傻大姐大概不知道自己在其中起的关键作用，照样吃得香，睡得香。

傻大姐是傻的，当然也没有人怪她，至多也就说她被人利用了。不过精明如凤姐，纵容她满园子乱跑，逢人就一脸天真地说："姐姐我告诉你一个秘密"，总是她职业生涯的一个污点。若早些叫她的老子娘领出去，永不录用，多少鲜为人知的秘密将永不见天日，多少花朵般的姐妹，也就拣了条命回来。

只有如我这般总是不惮以最坏的想法去揣测他人的人，才会偷偷地说一句，傻大姐未必真傻，简称扮猪吃老虎，是也。

修成正果的茗烟

自创的一则脑筋急转弯题目：《红楼梦》中宝玉的贴

身小厮茗烟最后下场如何？红学家们略一迟疑，通常会回答道，宝玉走失了之后，他还嚷嚷了一嗓子，说："一举成名天下闻，如今二爷走到哪里，哪里就知道的。谁敢不送来！"可见还是在贾府打工，之后宝玉就算再没回家，估计他那个机灵的性子要继续混口饭吃，还是容易的。这是对《红楼梦》有理解有见地的回答，但这个答案体现不出八卦娱乐精神，因为我的标准答案是，他作了尧、舜、禹的一代贤君康熙大帝。

　　其实也就是当年演茗烟的那个演员在红极一时的电视剧《康熙王朝》中演了少年康熙，时隔二十年竟然又看到他以一个惨绿少年的形象出现，恍若时光倒流，未几又会心而笑，这演员选的，还真有几分道理。康熙自然是英明神武，"鸟生鱼汤"①，可是也别小看了茗烟，他可是贾宝玉身边的第一得用之人，贾宝玉不是凡人是神仙，他是神仙最看得起的人，当个皇帝自然也是够格的。

　　茗烟能成为宝玉"第一个用得着的人，"无它，跟的时间久，了解深，自己也争气，用他自己的话说，二爷的心事，我没有不知道的。话说王熙凤生日那天原来宝玉心里有件私事，于头一日就吩咐茗烟："明日一早要出门，备下两匹马在后门口等着，不要别一个跟着。说给李贵，我往北府里去了。倘或要有人找我，叫他拦住不用找，只说北府里留下了，横竖就来的。"茗烟也摸不着头脑，只

---

① 金庸小说《鹿鼎记》中韦小宝对康熙帝的恭维，将康熙帝比作尧、舜、禹、汤四位英明的帝王，此处"鸟生鱼汤"是尧舜禹汤的谐音。

得依言说了。今儿一早，果然备了两匹马在园后门等着。天亮了，只见宝玉遍体纯素，从角门出来，一语不发跨上马，一弯腰，顺着街就下去了。茗烟也只得跨马加鞭赶上，在后面忙问："往哪里去？"宝玉道："这条路是往哪里去的？"茗烟道："这是出北门的大道。出去了冷清清没有可玩的。"宝玉听说，点头道："正要冷清清的地方好。"说着，越性加了鞭，那马早已转了两个弯子，出了城门。茗烟越发不得主意，只得紧紧跟着。

　　一气跑了七八里路出来，人烟渐渐稀少，宝玉方勒住马，回头问茗烟道："这里可有卖香的？"茗烟道："香倒有，不知是那一样？"宝玉想道："别的香不好，须得檀、芸、降三样。"茗烟笑道："这三样可难得。"宝玉为难。茗烟见他为难。因问道："要香作什么使？我见二爷时常小荷包有散香，何不找一找。"一句提醒了宝玉，便回手向衣襟上拉出一个荷包来，摸了一摸，竟有两星沉速，心内欢喜："只是不恭些。"再想自己亲身带的，倒比买的又好些。于是又问炉炭。茗烟道："这可罢了。荒郊野外哪里有？用这些何不早说，带了来岂不便宜。"宝玉道："糊涂东西，若可带了来，又不这样没命得跑了。"茗烟想了半日，笑道："我得了个主意，不知二爷心下如何？我想二爷不止用这个呢，只怕还要用别的。这也不是事，如今我们往前再走二里地，就是水仙庵了。"宝玉听了忙问："水仙庵就在这里？更好了，我们就去。"

　　到了水仙庵，命茗烟捧着炉出至后院中，拣一块干净地方儿，竟拣不出。茗烟道："那井台儿上如何？"宝玉点头，一齐来至井台上，将炉放下。茗烟站过一旁。宝玉掏出香来焚上，含泪施了半礼，回身命收了去。茗烟答应，且不收，忙爬下磕了几个头，口内祝道："我茗烟跟二爷这几年，二爷的心事，我没有不知道的，只有今儿这一祭祀没有告诉我，我也不敢问。只是这受祭的阴魂虽不知名姓，想来自然是那人间有一，天上无双，极聪明、极俊雅的一位姐姐妹妹了。二爷心事不能出口，让我代祝：若芳魂有感，香魂多情，虽然阴阳间隔，既是知己之间，时常来望侯二爷，未尝不可。你在阴间保佑二爷来生也变个女孩儿，和你们一处相伴，再不可又托生这须眉浊物了。"说毕，又磕几个头，才爬起来。说的宝玉也笑了。

宝玉为什么笑？因为他的心事虽然没说出口，却让茗烟全说完了。茗烟这番话也说得高明，不温不火，不过不失，新鲜中还带点别致，点破了主子的心事，可是主子忌讳没说出口的那两个字，他却也咬紧牙关，硬是没有说出来。

茗烟当真不知道宝玉祭的是谁吗？我觉得他在开口说出水仙庵那三个字的时候，心里必定已经洞若观火了。但是茗烟想主子之所想，忌讳主子之所忌讳，做主子所希望他所做之事，不说主子不愿意说出来的话，这才是一个非典型性完美打工仔的榜样。多做事，少说话，没有人以为你不明白，大家都高兴，日后自然高升有望。有句名言说，不想当将军的士兵不是好士兵，不过我觉得当过小兵的将军通常都更得民心，更了解下层疾苦，更知道如何跟小兵们打交道，因为他感同身受，多年前鞍前马后服侍而锻炼出来的察言观色，在他的心里记忆如新。他日他人在他案前的一点风吹草动，又哪里逃得过他的法眼呢？茗烟小小年纪，练到这般修养，他日坐在高高的宝座上俯瞰众臣百官钩心斗角，想必只在心中冷冷一笑，再不需先前这般小心翼翼了。

说到这里，我又要批评高鹗没水平，茗烟是宝玉肚子的蛔虫，宝玉走了，茗烟怎么会嚷嚷出"一举成名天下闻，如今二爷走到哪里，哪里就知道的。谁敢不送来！"这样无聊的话来？搞得我们的皇帝胚子茗烟无端端成了个佞臣的形象，可惜了。

铁槛寺弄权杀人案

年轻的时候，我也看过不少琼瑶的书。还记得有一部，说丈夫日日拉他的小妻子出门去应酬，妻子在那种场合觉得很无助，回来丈夫很生气，冲她发火。后来小妻子在一次应酬中遇上了一个"遗世独立"的男子（琼瑶很喜欢这个词，在此本人持怀疑态度，在生意场上遗世独立恐怕无法"行走江湖"），那人淡淡地说，我太太不喜欢应酬的……后来当然是小妻子同那个"遗世独立"有了婚外情了。

年轻时候觉得遗世独立好，现在偶尔想起来，反倒是对那个喜欢应酬的丈夫，多了些同情。莫说是生意场了，便是我们寻常职场，应酬都免不了。上述故事中丈夫的要求实在算不上过分，何况他的小妻子成日在家躺在沙发里昏昏沉沉，不生小孩、不做家务，看着夕阳唉声叹气。其实晚上出去活动活动，对身体也有好处。

不知道现在的文艺女青年们还学不学琼瑶式女主角，喜不喜欢应酬呢？当然有人说，现如今通信发达了，报纸、电视都看得少了，网上什么都有，应酬不过是非资讯时代的产物罢了。我的朋友艾米就是个不喜欢应酬的人，她总是"见人说人话，见鬼说鬼话"。所以刚进公司的时候觉得新鲜还经常出席商务交际活动，这两年觉得自己资格也老了，能不去就不去了。结果不知道为什么，消息总是在流传了好几天之后才慢悠悠到达她的耳朵。职场上信息就是金钱，艾米因为这样吃过几次亏，还被上司骂不中用，在公司丢了面子。又有点不甘心，说自己去应酬了几百次，听了十几万句鬼话，就这么巧趁我不去人家就说了真话？

话说王熙凤去铁槛寺送葬，住到了馒头庵，好容易等到跟前不过几个心腹常侍小婢，馒头庵的老尼便趁机说道："我正有一事，要到府里求太太，先请奶奶一个示下。"凤姐因问何事。老尼道："阿弥陀佛！只因当日我先在长安县内善才庵内出家的时节，那时有个施主姓张，是大财主。他有个女儿小名金哥，那年都往我庙里来进香，不想遇见了长安府府太爷的小舅子李衙内。那李衙内一心看上，要娶金哥，打发人来求亲，不想金哥已受了原任

长安守备的公子的聘定。张家若退亲，又怕守备不依，因此
说已有了人家。谁知李公子执意不依，定要娶他女儿，张家
正无计策，两处为难。不想守备家听了此言，也不管青红皂
白，便来作践辱骂，说一个女儿许几家，偏不许退定礼，就
打官司告状起来。那张家急了，只得找人上京来寻门路，赌
气偏要退定礼。我想如今长安节度云老爷与府上最契，可
以求太太与老爷说声，打发一封书去，求云老爷和那守备
说一声，不怕那守备不依。若是肯行，张家连倾家孝顺也
都情愿。"

　　凤姐听了笑道："这事倒不大，只是太太再不管这样
的事。"老尼道："太太不管，奶奶也可以主张了。"凤
姐听说笑道："我也不等银子使，也不做这样的事。"净
虚听了，打去妄想，半晌叹道："虽如此说，张家已知我
来求府里，如今不管这事，张家不知道没工夫管这事，不
稀罕他的谢礼，倒像府里连这点子手段也没有的一般。"

　　凤姐听了这话，便发了兴头，说道："你是素日知
道我的，从来不信什么是阴司地狱报应的，凭是什么事，
我说要行就行。你叫他拿三千银子来，我就替他出这口
气。"老尼听说，喜不自禁，忙说："有，有！这个不
难。"凤姐又道："我比不得他们扯篷拉牵的图银子。这
三千银子，不过是给打发说去的小厮作盘缠，使他赚几个
辛苦钱，我一个钱也不要他的。便是三万两，我此刻也拿
的出来。"老尼连忙答应，又说道："既如此，奶奶明日
就开恩也罢了。"凤姐道："你瞧瞧我忙的，哪一处少了

我？既应了你，自然快快地了结。"老尼道："这点子事，在别人的跟前就忙得不知怎么样，若是奶奶的跟前，再添上些也不够奶奶一发挥的。只是俗语说的'能者多劳'，太太因大小事见奶奶妥贴，越都推给奶奶了，奶奶也要保重金体才是。"一路话奉承的凤姐越发受用，也不顾劳乏，更攀谈起来。

凤姐这一逞强，可怜才三千两金子，就顺带搞死了烈女张金哥。不过细研究起来，凤姐跟那老尼姑的对话十分有趣，想必王熙凤不是第一次去馒头庵，这是坏人婚姻、害人性命的大事，老尼姑们需要时间来研究王熙凤这个人的性格，办事能力和赚钱决心，否则岂敢轻易出手？凤姐一耍花腔，老尼姑就激将道，我知道是你看不上这档子小事，只是不知道的人，还当你王经理没本事接这个单呢。若非知己知彼，将对方老底摸了个透，这激将法哪能用得如此锋利？

职场上的交际，就像是吃大饼，只是你不知道哪一张才是你吃饱的那张，也许是下一张，也许不是。但是人在职场走，这饼最好还是老老实实一张一张地往下吃吧。

乌眼鸡与假清高

我小时候只知道谦虚，却不知道如何谦虚，得一个

"三好学生"，就敢写作文拿自己跟居里夫人比，还声称人家得了诺贝尔奖依然很勤奋，我一定要向她学习云云。又喜欢卖弄，总觉得自己比别人看的书多，认识的成语也多，也不管明不明白意思，生往作文里堆。像"我要过一个快乐的晚年"，"今天是清明节，我觉得节日很快乐"之类的话，我也没少写。不过这些错误，老师总是当场指出，只是有一次，我在作文里写道"某某同学很清高，我要向她学习。"我们老师犹豫了很久，终究没有告诉我，清高这个性格，究竟是不是值得学习。

　　我庸俗化的进程开始得比较早，从进了大学开始，我的搜索范围就自动摒弃了"谦谦君子，温润如玉"那一类，不过我的同性朋友中与世无争的类型可是真不少。我的朋友阿毛，长相好、学识好、风度好、家教好，这样的人最看不惯的就是尔虞我诈、钩心斗角。她经常说："是金子总是会发光的。"所以她每天踏着点去上班，踩着点下班，在法定工作时间内完成所有工作，该她得到的，就拿，该她得到而不给她，也就淡淡一笑，自己觉得已经对此表示了最深刻然而最含蓄的抗议和藐视了。

　　阿毛在办公室人缘很好，但是渐渐地她发现，原来很欣赏她的能力的老板，慢慢地把重要的工作交给其他同事做，她自己虽然每天也不闲着，却大多做一些无关紧要的事。闲话里，她打听到老板说："阿毛不过是赚钱买花戴，没有企图心的……"

　　阿毛很委屈，觉得自己分内的工作做得很出色，所不同的不过是不像其他人那样，一天到晚争争争，难道说老板喜欢看到人把公司的资源争来据为己有，就算是有企图心了吗？我问她现在受重用的同事是不是很喜欢争，她说是，每个部门的主管看到别的部门有秘书，自己部门没有，就马上向公司要求配一个，其实自己的部门根本没有这个需要。而且当看到办公室哪里的位置大、窗口多、风景好时，都会去争取，阿毛很看不惯这种行为，却想不到老板竟然喜欢。阿毛说着，又露出一点不屑的笑容。

其实不是说女人天生就喜欢争得如同乌眼鸡一般，恨不得你吃了我，我吃了你。聪明的女人才知道，适当的"争"是争给人看的，向老板表示自己有更进一步发展的决心和能力，向下属表示自己体恤下情，我并不是为自己争的。

就像凤姐，大家都说她如何刻薄，可是只有她挑头贾母、王夫人商议说："天又短又冷，不如以后大嫂子带着姑娘们在园子里吃饭一样。等天长暖和了，再来回的跑也不妨。"王夫人笑道："这也是好主意。刮风下雪倒便宜。吃些东西受了冷气也不好，空心走来，一肚子冷风，压上些东西也不好。不如后园门里头的五间大房子，横竖有女人们上夜的，挑两个厨子女人在那里，单给他姊妹们弄饭。新鲜菜蔬是有分例的，在总管房里支去，或要钱，或要东西，那些野鸡，獐，狍各样野味，分些给他们就是了。"贾母道："我也正想着呢，就怕又添一个厨房多事些。"凤姐道："并不多事。一样的分例，这里添了，那里减了。就便多费些事，小姑娘们冷风朔气的，别人还可，第一林妹妹如何禁得住？就连宝兄弟也禁不住，何况众位姑娘。"

这就争得好，老太太听了，马上说道："正是这话了。上次我要说这话，我见你们的大事太多了，如今又添出这些事来，你们固然不敢抱怨，未免想着我只顾疼这些小孙子孙女儿们，就不体贴你们这当家人了。你既这么说出来，更好了。"就向着众人感叹道："今日你们都在这里，都是经过妯娌姑嫂的，还有他这样想得到的没有？"薛姨妈，李婶，尤氏等齐笑说："真个少有。别人不过是礼上面子情儿，实在他是真疼小叔子小姑子。就是老太太跟前，也是真孝顺。"贾母点头叹道："我虽疼他，我又怕他太伶俐也不是好事。"凤姐忙笑道："这话老祖宗说差了。世人都说太伶俐聪明，怕活不长。世人都说得，人人都信，独老祖宗不当说，不当信。老祖宗只有伶俐聪明过我十倍的，怎么如今这样福寿双全的？只怕我明儿还胜老祖宗一倍呢！我活一千岁后，等老祖宗归了西，我才死呢。"贾母笑道："众人都死了，单剩下咱们两个老妖精，有什么意思。"

这个可真是高明，单挑出老太太最疼的宝玉跟黛玉来说，他们经不起，明白地示了好，得了实惠，省了大雪天走路的姑娘们，自然不用说都是要在心里感激她的。当然，最后那段话也很重要，说明她不居功自伟，真正把妯娌、姑、嫂的利益放在心上的形象，已经成功地树立起来了。

还是《大话西游》说得好："你想要你就说出来，你不说，我怎么知道你想要呢？"所以，我们为什么说要"明争暗斗"呢，斗智斗法有时候使些阴招，上不得台面，争抢利益却大可以打着腰鼓、插着红旗、带上拉拉队以壮声势，因为很多时候我们相争是争给别人看的，观众越多越好。

利是是身份的象征

要排一个《红楼梦》的权力排行榜，我本来毫不犹豫地把老太太放在了第一个，好在及时醒悟，意识到老太太在家虽然享着天大的福分，出了门，只怕满京城管她叫"奴才"的人很多——谁让贾家不争气，不过是个"包衣"呢。所以，这个地位最高的人当然就是那个九五至尊的皇帝了。皇帝突然宠幸了元春一次，整个贾家就烈火烹油，鲜花着锦一般地中兴起来；皇帝突然一高兴，让妃子们回家看看，贾府就花了那么多银子，搞那么大排场，见了元春几个小时。总之贾府对皇帝的态度，就好像赖嬷嬷的儿子做了县官以后，赖嬷嬷说的那样："哥哥，你别说你是官儿了，横行霸道的！你今年活了30岁，虽然是人家的奴才，一落娘胎胞，主子恩典，放你出来，上托着主子的洪福，下托着你老子娘，也是公子哥儿似的读书认字，也是丫头、老婆、奶子捧凤凰似的，长了这么大。你哪里知道那'奴才'两字是怎么写的！只知道享福，也不知道你爷爷和你老子受的那苦恼，熬了两三辈子，好容易挣出你这么个东西来。从小儿三灾八难，花的银子也照样打出你这么个银人儿来了。到20岁上，又蒙主子的恩典，许你捐个前程在身上。你看那正根正苗的忍饥挨饿的要多少？你一个奴才秧子，仔细折了福！如今乐了10年，不知怎么弄神弄鬼的，求了主子，又选了出来。州县官儿虽小，事情却大，为那一州的州官，就是那一方的父母。你不安分守己，精忠报国，孝敬主子，只怕天也不容你。"

当皇帝，做世界上最大的老板固然是千好万好，但还有一个乐子，一般人想不到。那就是每到过年，可以给自己的下属分发利是。

所谓利是，是港式叫法，咱们一直以来都叫压岁钱，过年的时候大人拿红纸包上些钱，看小孩拿到手里欢呼雀跃而走。压岁钱到底能拿到几岁为止，是我小时候经常盘算的一个问题。钱是一个方面，更重要的是，不拿压岁钱了，就该是大人了，小孩子渴望长大的心情和我现在想去掉眼底细纹的心情同样急迫。

好容易等到大学毕业，父母惆怅地宣布，我的压岁钱到此为止，我兴致勃勃去了广州打拼，从此知道压岁钱叫"利是"。那年的春节前一天接到部门秘书的电话通知，第二天早上10点，准时去办公室恭候老板前来分发利是。同时秘书小姐很亲切地提醒我，在广州，只要未婚人士都有权向已婚人士索要利是。我大喜过望，心中一盘算，年底双薪，年终奖金，部门小金库的钱都已经发过了，没想到还有这笔意外之财，广州真是一个好地方啊。

我旧小说读得多，当时脑海里就浮现出无数地主老财过年往门外乱撒铜钱，自己拥炉而坐看门口小乞丐疯抢，一面哈哈大笑的情形——后来转念一想，咱也没那么寒碜。

有一年腊月，年关将近，贾珍那边，开了宗祠，找人打扫，收拾供器，请神主，又打扫上房，以备悬供遗真影像。贾珍便想起一事来，问老婆尤氏道："咱们春祭的恩赏可领了不曾？"尤氏道："今儿我打发蓉儿关去了。"于是贾珍大发感慨："咱们家虽不等那几两银子使，多少是皇上天恩。早关了来，给那边老太太见过，置了祖宗的供，上领皇上的恩，下则托祖宗的福。咱们哪怕用一万两银子供祖宗，到底不如用这个又体面，又沾恩赐福的。除咱们这一二家之外，那世袭的穷官儿家，若不仗这银子，拿什么上供过年？真正皇恩浩荡，想得周到。"贾珍的话说得不无道理，难怪尤氏也夸他，说正是那话。可见皇帝深谙攻心术，这几两银子用得恰到好处。

如此这般乱想了一夜，我第二日一早，高高兴兴打车去公司，左右无事，大家都是踩着点去领利是，只不过我们新职员兴高采烈，老员工笑容诡异。10点整，两大老板同时出现，大家夹道欢迎，老板同员工亲切握手，秘书在旁边递上大红利是包一封，另有内刊记者上蹿下跳拍下历史照片，我也心情激动，从来没见过这么感人的场面。10分钟后，老板和他的随从们走得干净，我打开利是包，里面赫然是崭新的10元人民币。算上打车的钱，我还净亏损了10元钱。转头想找已婚老同事们讨点利是补偿损失，才发现偌大的办公室已经空空荡荡，剩下我们几个新丁每人举着10元钱哭笑不得。

我终于明白，老板派利是，未必真是要我们感恩，也许他是在享受派利是的过程。毕竟不是每个人都能在大年初一把人从城市各个角落抓到一起来领他的10元钱的。

也只有皇帝的区区几百两银子的赏钱，能让我们的小蓉大爷在冬天的一大早跑到衙门里去。不过小蓉大爷比我还惨，他们家搞不好还顺便搭上送衙门官员一日酒席、几台戏呢。

因为后来贾蓉捧了一个小黄布口袋进来。那黄布口袋可比我们公司的红包阔绰多了，上面印的不是恭喜发财，而是印了"皇恩永锡"四个大字，那一边又有礼部祠祭司的印记，又写着一行小字："宁国公贾演荣国公贾源恩赐永远春祭赏共二分，净折银若干两，某年月日龙禁尉候补侍卫贾蓉当堂领讫，值年寺丞某人"，下面一个朱笔花押。贾珍道："怎么去了这一日？"贾蓉赔笑回说："今儿不在礼部关领，又分在光禄寺库上，因又到了光禄寺才领了下来。光禄寺的官儿们都说问父亲好，多日不见，都着实想念。"贾珍笑道："他们哪里是想我。这又到了年下了，不是想我的东西，就是想我的戏酒了。"竟然还是高高兴兴的。

于是我终于发现，原来我的精神境界，还远远比不上我一向瞧不起的贾珍贾大爷。

老太太偏心眼

曹雪芹毫无疑问是个天才，不过我看了一些评论，似乎不少人对他的诗才颇有疑问：有人认为他笔下那些惊才绝艳的小姐、少爷写的诗其实很平淡。我不懂诗，这个问题就没有什么发言权，但是我认为曹雪芹除了他或许稍欠的诗才，另外一门本事，他也是缺得紧，那就是幽默感。

他笔下塑造的两个人物形象很有趣：一个是出身豪门世家却大字不识几个、专会世俗取笑的凤辣子。不过说句实在话，她说过这样一个著名的笑话：一个过正月半的。几个人抬着个房子大的炮仗往城外放去，引了上万的人跟着瞧去。有一个性急的人等不得，便偷着拿香点着了。只听"扑哧"一声，众人哄然一笑都散了。这抬炮仗的人抱怨卖炮仗的扎得不结实，没等放就散了。湘云好奇地问道："难道他本人没听见响？"凤姐道："这本人原是聋子。"于是众人哄然大笑，可是我看了无数次也不知道到底好笑在哪里。

还有一个就是上他们家来打秋风的刘姥姥，听了凤姐和鸳鸯的撺掇，吃饭的时候贾母这边说声"请"，刘姥姥便站起身来，高声说道："老刘，老刘，食量大似牛，吃一个老母猪不抬头。"自己却鼓着腮不语。众人先是发怔，后来一听，上上下下都哈哈大笑起来。史湘云撑不住，一口饭都喷了出来；林黛玉笑岔了气，伏着桌子哎哟；宝玉早滚到贾母怀里；贾母笑得搂着宝玉叫"心肝"；王夫人笑得用手指着凤姐说不出话来；薛姨妈也撑不住，口里茶喷了探春一裙子；探春手里的饭碗都合在迎春身上；惜春离了座位，拉着他奶母叫揉一揉肠子。地下的无一个不弯腰屈背，也有躲出去蹲着笑去的，也有忍着笑上来替他姊妹换衣裳的。看了这段，众人只是发怔了一会儿就笑成这样，可是我不太明白他们在笑什么。除了这一个号称幽默和一个滑稽的人，其他人的笑话就更勉强了。

那年中秋夜宴，击鼓传花。贾政讲了个笑话："说一家子一个人最怕老婆，这个怕老婆的人从不敢多走一步。偏是那日是八月十五，到街上买东西，便遇见了几个朋友拉他到家里去吃酒。不想吃醉了，便在朋友家睡着了。第二日才醒，后悔不及，只得来家赔罪。他老婆正洗脚，说：'既是这样，你替我舔舔就饶你。'这男人只得给他舔，未免恶心要吐。他老婆便恼了，要打，说：'你这样轻狂！'唬得他男人忙跪下求说：'并不是奶奶的脚脏，只因昨晚吃多了黄酒，又吃了几块月饼馅子，所以今日有些作酸呢。'"听完了贾母跟众人便都笑了，我却觉得只有恶心二字，简直比薛霸王的一个蚊子嗡嗡嗡还差劲，亏他敢拿到台面上讲。

贾赦也说："一家子一个儿子最孝顺。偏生母亲病了，各处求医不得，便请了一个针灸的婆子来。婆子原不知道脉理，只说是心火，如今用针灸之法，针灸针灸就好了。这儿子慌了，便问：'心见铁即死，如何针得？'婆子道：'不用针心，只针肋条就是了。'儿子道，'肋条离心甚远，怎么就好？'婆子道：'不妨事。你不知天下父母心偏的多呢。'"这个笑话本来比贾政的那个强些，可惜偏偏触到了老太太的心病，于是老太太笑不出来，只道："我也得这个婆子针一针就好了。"弄得大家尴尬，贾赦下不来台，这么一闹，日后恐怕老太太更偏心了。

莫说这天下的父母心偏的多，就是这世间的老板，也多有几个偏心眼的。办公室里就那么几个人，日夜在眼前呆着，老板也硬是能分出一个亲疏远近、不同等对待出来。我有时候很奇怪，为什么上司就是做不到大公无私，善待每一个下属呢？

某些做了人上司的朋友跟我说，非不为也，实不能尔。人总是偏心眼的，这个或许是上帝造人时留下的一个Bug（漏洞），无法弥补。但实际因素是，当了上司，手底下的人，难免有几个是前任留下的，有几个是自己亲手招的。对于亲手招的兵马，不多加照顾，大力提携，难道让前任留下的老人去占尽风头，好显得自己不识人，招人眼光不如前任吗？

如此看来，偏心眼的病根，只怕还在于一点私心。因此，那个老婆子的针就算插满了肋条，恐怕也是治标不治本，治不好这偏心的毛病。

第三章

努力和选择同样重要

可叹停机德

宝钗，用一个字来形容是美，用两个字来形容是完美，用三个字来形容，就是太完美，那如果用四个字来形容，就只能说她太完美了。一个女人所希望拥有的一切，她竟然毫不客气占齐全了。她品格端方，容貌丰美，人多谓黛玉所不及。她是富家女，她们薛家，世代皇商，号称"丰年好大雪，珍珠如土金如铁"。她是才女，大观园里每次诗社，也就她能跟林黛玉不分伯仲，可是她还懂医理，晓绘画，说起作画的工具也头头是道，大才女林妹妹也只有坐在一旁乖乖地听着，偶尔不甘寂寞地插科打诨，不过说的话到底也没什么见地就是了。她还性格好，行为豁达，随分从时，便是那些小丫头们，亦多喜与宝钗去玩。她还身体健康，体态丰裕，肌肤胜雪，除了自胎中带出一点热毒，比较容易上火之外，从没见过她有什么毛病，难怪日后跟宝玉一索得男。

这样一个从来没有说错一句话，走错一步路的完美女性代表，竟然落到被人抛弃守活寡，而她自己百多年来被人诟病，称其为阴险女人，城府深沉，不安好心，实在是有些打击我们这些力求改善自身的追随者，不知道是不是应该学林妹妹的脾气才比较容易讨男人的欢心。不过话说回来，职场上的男人，没几个是贾宝玉，职场上的老板，多的是王夫人，所以还是讨王夫人开心比较重要，比较有成就感。

　　贾府是一个很奇怪的地方，少妇精明能干，中年婆婆却个个很糊涂。邢夫人不用说，屡屡跟二房挑衅争宠，都闹了个灰头土脸，却还屡败屡战，乐此不疲。王夫人在教育宝玉的问题上立场比较坚定，一巴掌能把丫头打去跳了井，一发脾气怡红院就解散，但是在家务事上，却不见她有什么主意，凤姐说什么她听什么。宁府的尤氏，秦可卿死之前，是这个儿媳妇当家，秦可卿死了之后再娶的那个胡氏，从来都没什么作为，大概是尤氏自己又当回了家了吧。不过她平常跟凤姐虽一样打闹取笑，可凤姐真的为了妹妹的事打上门去，照脸一口吐沫啐道："你尤家的丫头没人要了，偷着只往贾家送！难道贾家的人都是好的，普天下死绝了男人了！你就愿意给，也要三媒六证，大家说明，成个体统才是。你痰迷了心，脂油蒙了窍，国孝、家孝两重在身，就把个人送来了。这会子被人家告我们，我又是个没脚蟹，连官场中都知道我厉害吃醋，如今指名提我，要休我。我来了你家，干错了什么不是，你这等害我？或是老太太、太太有了话在你心里，使你们做这圈套，要挤我出去。如今咱们两个一同去见官，分证明白。回来咱们共同请了合族中人，大家觌面说个明白。给我休书，我就走路。"

说了又哭，哭了又骂，后来放声大哭起祖宗、爹妈来，又要寻死撞头。把尤氏揉搓成一个面团，衣服上全是眼泪，并无别语，只骂贾蓉："孽障种子！和你老子作的好事！我就说不好的。"凤姐听说，哭着两手搬着尤氏的脸紧对相问道："你发昏了？你的嘴里难道有茄子塞着？不然他们给你嚼子衔上了？为什么你不告诉我去？你若告诉了我，这会子平安不了？怎得经官动府，闹到这步田地，你这会子还怨他们。自古说：'妻贤夫祸少，表壮不如里壮。'你但凡是个好的，他们怎得闹出这些事来！你又没才干，又没口齿，锯了嘴子的葫芦，就只会一味瞎小心图贤良的名儿。总是他们也不怕你，也不听你。"说着啐了几口。尤氏也哭道："何曾不是这样。你不信问问跟的人，我何曾不劝的，也得他们听。叫我怎么样呢，怨不得妹妹生气，我只好听着罢了。"好一顿大骂，她除了求饶，半句反驳的话也说不出来，实在不像个当家的料。

　　真想不明白，当这些婆婆们还年轻，凤姐还没有进门的时候，贾府都是谁在当家呢？莫非史太君亲自披挂上阵，然后隔代传位给了凤姐？这虽是个疑问，好在算是题外话，与本文无大关系，权且认为贾府就是有让少妇当家的传统吧。之前咱们说过，秦可卿照理是个极有见识、有才干的人，她死了托梦给凤姐说："婶婶，你是个脂粉队里的英雄，连那些束带顶冠的男子也不能过你，你如何连两句俗语也不晓得？常言'月满则亏，水满则溢'，又道是'登高必跌重'。如今我们家赫赫扬扬，已将百载，一日倘或乐极悲生，若应了那句'树倒猢狲散'的俗语，岂不虚称了一世的诗书旧族了！"凤姐听了此话，心胸大快，十分敬畏，忙问道："这话虑的极是，但有何法可以永葆无虞？"秦氏冷笑道："婶子好痴也。否极泰来，荣辱自古周而复始，岂人力能可保常的。但如今能于荣时筹划下将来衰时的世业，亦可谓常保永全了。即如今日诸事都妥，只有两件未妥，若把此事如此一行，则后日可保永全了。"

　　凤姐便问何事。秦氏道："目今祖茔虽四时祭祀，只是无一定的钱粮，第二，家塾虽立，无一定的供给。依我想来，如今盛时固不缺祭祀供给，但将来败落之时，此二项有何出处？莫若依我定见，趁今日富贵，将祖茔附近多置田庄房舍地亩，以备祭祀供给之费皆出自此处，将家塾亦设于此。合同族中长幼，大家定了则例，日后按房掌管这一年的地亩、钱粮、祭祀、供给之事。如此周流，又无争竞，亦不有典卖诸弊。便是有了罪，凡物可入官，这祭祀产业连官也不入的。便败落下来，子孙回家读书务农，也有个退步，祭祀又可永继。若目今以为荣华不绝，不思后日，终非长策。眼见不日又有一件非常喜事，真是烈火烹油，鲜花着锦之盛。要知道，也不过是瞬间的繁华，一时的欢乐，万不可忘了那'盛筵必散'的俗语。此时若不早为后虑，临期只恐后悔无益了。"凤姐忙问："有何喜事？"秦氏道："天机不可泄漏。只是我与婶子好了一场，临别赠你两句话，须要记着。"因念道：三春过后诸芳尽，各自须寻各自门。

多么有见地的话，可是曹雪芹还是说她治下的宁府自由散漫，人浮于事，非得凤姐去整顿一番不可。荣府有两个年轻媳妇，凤姐咱们就不说了，一部《红楼梦》就是她的大舞台，说不完、道不尽的管理哲学，李纨是个有才干的人，她也有自己的管理哲学，不过凤姐光芒太盛，掩盖了她。

凤姐风头一时无两，但是曹雪芹又说，凤姐还不是最厉害的，宝钗就比她强，又有学识，见解又高，凤姐不过一味蛮干强压，宝钗却是使的巧劲，春风化雨，上上下下没有不服的，没有不说她好的。还没进门的姑娘家就能做到这样，他日若真执掌了荣府的对牌，前途的确不可限量。

话是没错，可惜这一切不过是镜花水月，终成泡影。我们不过感叹宝钗的才干，却无缘得见。这不是曹雪芹早死的事，就算他老人家咬着牙把《红楼梦》写完了，咱们还是一样看不到宝钗当家这一幕好戏，为什么？因为等到她嫁了宝玉的时候，贾府早已经食尽飞鸟各投林，聋子放炮仗——散了，宝姐姐纵有停机德，也再变不出又一个荣国府来供她掌管。

写到这里，想起一位资深管理人员说的话："为什么公司的员工把自己的潜质发挥到淋漓尽致，勤勤恳恳，却依然不能使公司业务发扬光大？因为他们只知道评估自己的潜质，却忘了这间公司早就已经没有潜质了。"

可是如果薛宝钗在贾府还烈火烹油，鲜花着锦，就能看出这是一座即将倾倒的大厦，那她就是我们的巴菲特，哪里还轮得到我在这里指手画脚呢？

好人缘是孤僻者的通行证

聪明的人通常都不太精明，也许是他不屑，也许是他不能。精明的人也并不一定都很聪明，因为聪明并不是后天努力的战利品，却是爹妈双手送上的礼物，没有就是没有。所以又聪明又精明的人就物以稀为贵，成了极品。

毫无疑问林妹妹是个聪明人，但是精明这等俗气的词，就算我丧心病狂，也不好意思用到她身上。她很真诚地对宝姐姐说："你素日待人，固然是极好的，然我最是个多心的人，只当你心里藏奸……往日竟是我错了，实在误到如今。"从此钗、黛合一，黛玉收起了她那些到处乱放的冷箭，的确一心一意地对宝钗好起来了。我不否认宝姐姐素日待人都是极好的，但是我还是觉得她藏奸，虽然这个词，未必是坏的意思。

贾府里人缘好的人，并不只宝钗一个。贾宝玉人缘也很好，大小丫头们跟他打打闹闹，直呼其名，他虽然也偶尔发脾气，但是大部分时间对女孩都是极尽温柔之能事，因为他本性如此，自天性所禀来的一片愚拙偏僻，视姊妹、弟兄皆出一意，并无亲疏远近之别。对女孩子的喜爱和平易近人的态度，是发自内心的，因为他觉得女人是水作的骨肉，男人是泥作的骨肉。他见了女人，便清爽，见了男子，便觉浊臭逼人。

湘云人缘也很好，她憨厚、娇俏，是个话篓子，没见睡在那里还是笑一阵，说一阵，也不知哪里来的那些话。老太太和舅母才拜了影回来，老太太的一个新的大红猩猩毡斗篷放在那里，谁知眼错不见她就披了，又大又长，她就拿了个汗巾子拦腰系上，和丫头们在后院子扑雪人儿去，一跤栽到沟跟前，弄了一身泥水。

我觉得她跟丫头的关系也是《红楼梦》中最让我欣赏的，当然全在于两个小姑娘说闲话，史湘云道："花草也是同人一样，气脉充足，长得就好。"翠缕把脸一扭，说道："我不信这话。若说同人一样，我怎么不见头上又长出一个头来的人？"湘云听了由不得一笑，说道："我说你不用说话，你偏好说。这叫人怎么好答言？天地间都赋阴阳二气所生，或正或邪，或奇或怪，千变万化，都是阴阳顺逆。多少一生出来，人罕见的就奇，究竟理还是一样。"翠缕道："这么说起来，从古至今，开天辟地，都是阴阳了？"湘云笑道："糊涂东西，越说越放屁。什么'都是些阴阳'，难道还有个阴阳不成！'阴'、'阳'两个字还只是一字，阳尽了就成阴，阴尽了就成阳，不是阴尽了又有个阳生出来，阳尽了又有个阴生出来。"翠缕道："这糊涂死了我！什么是个阴阳，没影没形的。我只问姑娘，这阴阳是怎么个样儿？"湘云道："阴阳可有什么样儿，不过是个气，器物赋了成形。比如天是阳，地就是阴，水是阴，火就是阳，日是阳，月就是阴。"翠缕听了，笑道："是了，是了，我今儿可明白了。怪道人都管着日头叫'太阳'呢，算命的管着月亮叫什么'太阴星'，就是这个理了。"湘云笑道："阿弥陀佛！刚刚的明白了。"翠缕道："这些大东西有阴阳也罢了，难道那些蚊子、虼蚤、蠓虫儿、花儿、草儿、瓦片儿、砖头儿也有阴阳不成？"湘云道："怎么有没阴阳的呢？比如那一个树叶儿还分阴阳呢，那边向上朝阳的便是阳，这边背阴覆下的便是阴。"翠缕听了，点头笑道："原来这样，我可明白了。只是咱们这手里的扇子，怎么是阳，怎么是阴呢？"湘云道："这边正面就是阳，那边反面就为阴。"翠缕又点头笑了，还要拿几件东西问，因想不起个什么来，猛低头就看见湘云宫绦上系的金麒麟，便提起来问道："姑娘，这个难道也有阴阳？"湘云道："走兽飞禽，雄为阳，雌为阴，牝为阴，牡为阳。怎么没有呢！"翠缕道："这是公的，到底是母的呢？"湘云道："这连我也不知道。"翠缕道："这也罢了，怎么东西都有阴阳，咱们人倒没有阴阳呢？"湘云照脸啐了一口道："下流东西，好生走吧！越问越问出好的来了！"翠缕笑道："这有什么不告诉我的呢？我也知道了，不用难我。"湘云笑道："你知道什么？"翠缕道："姑娘是阳，我就是阴。"说着，湘云拿手帕子握着嘴，呵呵地笑起来。翠缕道："说是了，就笑的这样了。"湘云道："很是，很是。"翠缕道："人规矩主子为阳，奴才为阴。我连这个大道理也不懂得？"湘云笑道："你很懂得。"

只有这样可爱的主子，才能有这样可爱的丫头，而史湘云的豪爽和亲切，全都来自她的没心没肺，大而化之。湘云和宝玉两个人人缘好，就好像电视剧《天龙八部》中的段誉练的北冥神功："北冥者，其广数千里，未有知其修也。大舟小舟无不载，大鱼小鱼无不容。百川汇海，大海之水以容百川而得。汪洋巨浸，端在积聚。"人心所向便如河川之水流入大海，全是自然。

但是宝钗不同，其实我经常觉得说"钗、黛合一"，是因为她们俩的内心很相像，都是喜静不喜闹，喜散不喜聚的。黛玉清高，宝钗何尝不孤傲？她全身上下没有一点富贵打扮，她住的屋子像雪洞似的，她从娘胎里带出来的，不仅仅只是一股热毒，更有那千年化不开的冷意。

比如说，刘姥姥的那句"老刘，老刘，食量大似牛，吃一个老母猪不抬头。"让大家都发笑的话，很多人都没注意到，这里缺了一个非常重要的人物——宝钗。没提她笑，因为她根本就没笑，这个随和的，没有架子的小姐，在这样一个全家大大小小笑成一团的时候，一点没笑，我想她根本是看不起这样粗俗无聊的玩笑，根本就觉得不好笑吧。

这样一个冷美人，成日周旋在贾府的大小人中，竟是没有不称她好的，这等刻意求得的好人缘，只怕就像是丁春秋练的化功大法，是有违自然的吧。仔细看，府里最疏离的主仆关系，竟是宝钗和她的莺儿，从没见她们有过知心话，更从没见这两个日夜相伴的年轻女子，有过亲密的举止，总归主子是主子，丫鬟是丫鬟。

黛玉是个聪明人，聪明人有时候很寂寞，宝钗是个又聪明又精明的人，她懂得有时候不甘寂寞的姿态更重要，所以她知道就算心里不愿意，内心瞧不起，却也要维持一个好人缘，这才最重要，才是能屈能伸的人生态度。

角门紧闭的姿态

电视剧《雍正王朝》里说，当雍正还是雍亲王的时候，人称冷面王，他家的规矩大，号称是铁打的门槛。不过做过管理者的人都知道，再铁面无私、以身作则，也很难指望手下个个洁身自好。见贤思齐，那是上古流传下来的传说，现在流行的一句话叫："有人的地方就有江湖"。

时常觉得宝钗应该是个当家的最佳人才，就像我说的，又聪明又精明的人，实在难得，况且她又有政治手段，有经济头脑，有亲和力，处事公正又懂得守愚藏拙。宝钗治下的丫鬟们，也大多是莺儿那样心灵手巧，言语可人，不会跟人争闲斗气。不过所谓林子大了，什么鸟都有，她那锅好汤里还是冒出了一颗老鼠屎。却说那日有蘅无苑的一个婆子，也打着伞提着灯，送了一大包上等燕窝来，还有一包子洁粉梅片雪花洋糖，说："这比买的强。姑娘说了，姑娘先吃着，完了再送来。"黛玉道："回去说'费心'。"命她外头坐了吃茶。婆子笑道："不吃茶了，我还有事呢。"黛玉笑道："我也知道你们忙。如今天又凉，夜又长，越发该会个夜局，痛赌两场了。"婆子笑道："不瞒姑娘说，今年我大沾光儿了。横竖每夜各处有几个上夜的人，误了更也不好，不如会个夜局，又坐了更，又解闷儿。今儿又是我的头家，如今园门关了，就该上场了。"黛玉听说笑道："难为你。误了你发财，冒雨送来。"命人给她几百钱，打些酒吃，避避雨气。那婆子笑道："又破费姑娘赏酒吃。"说着，磕了一个头，外面接了钱，打伞去了。

我曾经怀疑这个婆子说是衡芜院的婆子，未必就是薛家的人。当初搬进园子的时候，明明是各处都添了两个婆子，四个丫头，也不知道这个婆子是不是那时候统一添的。后来想想又觉得不对，宝姐姐一向是以不过住着他们家的房子，却不费他们家一分一毫为底牌的，吃、穿、用全是自己薛家的，没什么理由这个老婆子就是贾府的人。但是不过就算是贾府的婆子，天天在宝姐姐眼皮底下打工，还作头家聚赌，实在于宝姐姐的清誉有碍。

果然，不久大观园里就乱了套，天天鸡飞狗跳，打架生事丢东西，又是蔷薇硝又是茯苓霜，恰好正是宝钗协理大观园的关头，不过别担心，宝姐姐自有办法。那日宝玉生日，薛蟠又送了巾、扇、香、帛四色寿礼与宝玉，宝玉于是过去陪他吃面。两家皆治了寿酒，互相酬送，彼此同领。至午间，宝玉又陪薛蟠吃了两杯酒。宝钗带了宝琴过来与薛蟠行礼，把盏毕，宝钗因嘱薛蟠："家里的酒也不用送过那边去，这虚套竟可收了。你只请伙计们吃吧。我们和宝兄弟进去还要待人去呢，也不能陪你了。"薛蟠忙说："姐姐、兄弟只管请，只怕伙计们也就好来了。"宝玉忙又告过罪，方同他姊妹回来。

一进角门，宝钗便命婆子将门锁上，把钥匙要了自己拿着。宝玉忙说："这一道门何必关，又没多的人走。况且姨娘、姐姐、妹妹都在里头，倘或家去取什么，岂不费事。"宝钗就笑着解释道："小心没过逾的。你瞧你们那边，这几日七事八事，竟没有我们这边的人，可知是这门关的有功效了。若是开着，保不住那起人图顺脚，抄近路从这里走，拦谁的是？不如锁了，连妈和我也禁着些，大家别走。纵有了事，就赖不着这边的人了。"宝玉笑道："原来姐姐也知道我们那边近日丢了东西？"宝钗笑道："你只知道玫瑰露和茯苓霜两件，乃因人而及物。若非因人，你连这两件还不知道呢。殊不知还有几件比这两件大的呢。若以后叨登不出来，是大家的造化，若叨登出来，不知里头连累多少人呢。你也是不管事的人，我才告诉你。平儿是个明白人，我前儿也告诉了他，皆因他奶奶不在外头，所以使他明白了。若不出来，大家乐得丢开手。若犯出来，他心里已有稿子，自有头绪，就冤屈不着平人了。你只听我说，以后留神小心就是了，这话也不可对第二个人讲。”

这番话对闲人宝玉说，是没什么用的，你小心也好，不小心也罢，宝玉脑子里最多也就过一过，绝不会去深思。不过选在宝玉跟宝琴一起生日，园子里难免人来人往两边走的关键时刻，在角门上挂上一把大铁锁，却是一则最好的宣言和告示——我是干净的，我们家的门槛是铁打的，混水跟我是无关的，我的管理依旧是成功的。

究竟那个老婆子是不是宝姐姐的人呢？没关系的，角门上的大铁锁一挂，自家有事，关起门来自己解决，外头不知道，就当这事不存在，没发生过了。

办公室里好多树

十年来听到最无聊的笑话是这样来的，某张公，来自台湾，现在某大国际公司北京处任职。那年春天的时候在北京见到他，正为京城春日飞沙所苦，便安慰他道：“北京绿化还是不好，树太少。”张公睁眼道：“胡说，北京好多树，出租车上也都是树。”我有点摸不着头脑，便问：“你在哪个出租车上见到有树？”张公道：“你没看到好多车上都写着行业‘树’新风吗？”看我哭笑不得的表情，张公又笑嘻嘻地说道：“我们办公室也有树，叫行业树威风。"

如今已经是夏天了，不知道他们公司的威风树起来没有，不过从张公的笑话衍生开去，想来每个办公室未必都要树威风，每个领导却是个个都要树威信的。如果是从公司底层做起，一步步晋升上去的还好一些，到底根深叶茂，群众基础比较好，如果是空降兵，那这威信如何树起来，就大有学问了。

强悍刚硬者，可以学凤姐协理宁国府的做法。宁国府的管理是一个大问题。第一，人口混杂，遗失东西；第二，事无专执，临期推诿；第三，需用太费，滥支冒领；第四，任无大小，苦乐不均；第五，家人豪纵，有脸者不服管束，无脸者不能上进。此五点实是宁国府中风俗，凤姐的做法是铁面无私，令出如山。抓到一个迎送亲客上的一人未到，即命传到，那人已张惶愧惧。凤姐冷笑道："我说是谁误了，原来是你！你原比他们有体面，所以才不听我的话。"那人道："小的天天都来得早，只有今儿，醒了觉得早些，因又睡迷了，来迟了一步，求奶奶饶过这次。"

凤姐便说道："明儿他也睡迷了，后儿我也睡迷了，将来都没了人了。本来要饶你，只是我头一次宽了，下次人就难管，不如现开发的好。"顿时放下脸来，喝命："带出去，打二十板子！"一面又掷下宁国府对牌："出去说与来升，革他一月银米！"众人听说，又见凤姐眉立，知是恼了，不敢怠慢，拖人的出去拖人，执牌传谕的忙去传谕。那人身不由己，已拖出去挨了二十大板，还要进来叩谢。凤姐道："明日再有误的，打四十，后日的六十，有要挨打的，只管误！"说着便吩咐："散了吧。"窗外众人听说，方各自执事去了。彼时宁府荣府两处执事领牌交牌的，人来人往不绝，那抱愧被打之人含羞去了，这才知道凤姐厉害。众人不敢偷闲，自此兢兢业业，执事保全。

不过这个做法需得手里有活才行，若是一味强横，日日扯着脸跟人硬抗，所谓刚不可久，终究不是长久之计。凤姐作风虽然泼辣，但管家的功夫还是好的，宁府这样的一盘散沙，让她一顿雷厉风行，倒也收拾出了些模样。只是秦可卿也是有才干的当家奶奶，怎么把宁府管成这样，便宜了凤姐出了好大一场风头。只可惜操劳太过，两府都不肯放权，风头赚足了，却落下了不足之症，得失之见，只有她自己心里明白了。

贤惠敦厚者，就可以学宝钗协理大观园的做法，含蓄内敛，锦上添花，从来不自己乱出主意。探春说："年里往赖大家去，你也去的，你看他那小园子比咱们这个如何？"平儿笑道："还没有咱们这一半大，树木花草也少多了。"探春道："我因和他家女儿说闲话儿，谁知那么个园子，除他们带的花，吃的笋菜鱼虾之外，一年还有人包了去，年终足有二百两银子剩。从那日我才知道，一个破荷叶，一根枯草根子，都是值钱的。"

宝钗就凑趣说笑道："真真膏粱纨绔之谈。虽是千金小姐，原不知这事，但你们都念过书识字的，竟没看见朱夫子有一篇《不自弃文》不成？"探春笑道："虽看过，那不过是勉人自励，虚比浮词，哪里都真有的？"宝钗道："朱子都有虚比浮词？那句句都是有的。你才办了两天时事，就利欲熏心，把朱子都看虚浮了。你再出去见了那些利弊大事，越发把孔子也看虚了！"探春笑道："你这样一个通人，竟没看见子书？当日《姬子》有云：'登利禄之场，处运筹之界者，窃尧舜之词，背孔孟之道。'"宝钗笑道："底下一句呢？"探春笑道："如今只断章取义，念出底下一句，我自己骂我自己不成？"宝钗道："天下没有不可用的东西，既可用，便值钱。难为你是个聪明人，这些正事大节目事竟没经历，也可惜迟了。"李纨笑道："叫了人家来，不说正事，且你们对讲学问。"宝钗道："学问中便是正事。此刻于小事上用学问一提，那小事越发作高一层了。不拿学问提着，便都流入世俗去了。"生生把一个去弊兴利的法子提高到了理论的高度。

　　探春说了承包的方法，宝钗就说："善哉，三年之内无饥馑矣！把园子里的工作分派给婆子们。"探春又问宝钗如何，宝钗就说："幸于始者怠于终，缮其辞者嗜其利。"于是探春点头赞叹。别人想个法子派肥差给她的嫡系莺儿，让她娘来管蘅芜苑和怡红院这两处大地方的香花香草，她也立刻正色推辞道："断断使不得！你们这里多少得用的人，一个一个闲着没事办，这会子我又弄个人来，叫那起人连我也看小了。我倒替你们想出一个人来：怡红院有个老叶妈，他就是茗烟的娘。那是个诚实老人家，他又和我们莺儿的娘极好，不如把这事交与叶妈。他有不知的，不必咱们说，他就找莺儿的娘去商议了。那怕叶妈全不管，竟交与那一个，那是他们私情儿，有人说闲话，也就怨不到咱们身上了。如此一行，你们办的又至公，于事又甚妥。"李纨、平儿都道："是极。"探春笑道："虽如此，只怕他们见利忘义。"平儿笑道："不相干，前儿莺儿还认了叶妈做干娘，请吃饭吃酒，两家和厚的好得很呢。"宝钗能干贤惠，小惠全大体的名声，就是这一战树起来的。不过我小人之心，觉得扯上她宝弟弟第一号贴身小厮茗烟的娘，莺儿的干娘，到底暗暗便宜了自己人，只是表面上公允至极而已。

陪老★太★斗骨牌

我父亲，身为人民教师，传统型知识分子，对于某些事物有他自己的判断和坚持，有些事情现在再拿出来讲就像一个笑话，但是当年在他眼里，牛仔裤简直就是伤风败俗，绝对不能穿。直到几年以后，牛仔裤铺天盖地，除了它仿佛再买不到裤子的时候，我才拥有了一条，不过不知道是不是童年阴影，到现在我还不是很喜欢穿牛仔裤。还有一件深为父亲所痛恨的东西就是麻将。在他眼里，麻将更比牛仔裤坏十倍，打麻将就等于赌博，赌博就等于家破人亡，前途尽毁，都是要不得的东西。

　　当然，后来我自学成才，在单位"麻坛"称霸一时，这是后话，而且从另一个侧面反映当我脱离了父亲的管教之后，"学坏"是多么容易。但是若有人问我的兴趣爱好是什么？十之八九，我也会扭捏地回答：读书、听音乐，或许打游戏、写专栏都有成为答案的可能，"麻将"二字，却是无论如何都不会说出口的。

　　我倒不怪我父亲在我的潜意识中种下打麻将是可耻的这种思想观念，尽管他所景仰的国学大师中也不乏麻将爱好者，但女孩子打麻将，听起来终究不雅。曹雪芹通晓世情，《红楼梦》纵然风花雪月，却也能夜闻麻将声。女孩子纵使闲极无聊，也不过赏花斗草，猜谜作诗，最豪爽者如湘云，也不过捋起袖子大呼小叫地猜拳，牌却是不打的。只有结了婚的媳妇们，才会聚在一起打牌，至于开局赌钱，那更是上夜的婆子们干的勾当，实在上不了台面。

　　姑娘们究竟会不会打牌呢？别人我不知道，宝姐姐是一定会的。不过她也摆脱不了封建思想的禁锢。有一次，一个丫头在老太太的屋里吹熨斗，炕上有两个丫头打粉线，黛玉弯着腰拿着剪刀裁东西。宝玉走进来笑道："哦，这是作什么呢？才吃了饭，这么空着头，一会又头疼了。"黛玉并不理，只管裁他的。有一个丫头说道："那块绸子角儿还不好呢，再熨他一熨。"黛玉便把剪子一撂，说道："理它呢，过一会子就好了。"宝玉听了，只是纳闷。只见宝钗、探春等也来了，和贾母说了一回话。宝钗也进来问："林妹妹作什么呢？"因见林黛玉裁剪，因笑道："妹妹越发能干了，连裁剪都会了。"黛玉笑道："这也不过是撒谎哄人罢了。"宝钗笑道："我告诉你个笑话儿，才刚为那个药，我说了个不知道，宝兄弟心里不受用了。"林黛玉道："理他呢，过会子就好了。"

一听这话不对味儿，宝玉就想哄宝钗走，跟她说老太太屋里正寻人打骨牌呢，她也就红了脸啐道："难道我就是来陪人打骨牌的吗？"宝姐姐多端庄的一个人啊，要她啐一啐，是很不容易的，不过啐归啐，转了身她还是去了。成大事者该当如是，在大局面前，个人喜好应该服从大局。

况且，打牌并不如想象中简单，小说、电视里最常见的情节就是为了讨好老太太级别的人物，就要大胆地放牌，还要不露痕迹。以我短暂的麻将生涯来看，放牌是一件很不容易的事情，不经过长期锻炼，根本不知道放什么牌。

鸳鸯来了，便坐在贾母旁边，鸳鸯旁边便是凤姐。铺下红毡，洗牌告幺，五人起牌。斗了一回，鸳鸯见贾母的牌已十严，只等一张二饼，便递了暗号与凤姐。凤姐正该发牌，便故意踌躇了半晌，笑道："我这一张牌定在姨妈手里扣着呢。我若不发这一张，再顶不下来的。"薛姨妈道："我手里并没有你的牌。"凤姐道："我回来是要查的。"薛姨妈道："你只管查。你且发下来，我瞧瞧是张什么。"凤姐便送在薛姨妈跟前。薛姨妈一看是个二饼，便笑道："我倒不稀罕它，只怕老太太满了。"凤姐听了，忙笑道："我发错了。"贾母笑得已掷下牌说："你敢拿回去！谁叫你错的不成？"凤姐道："可是我要算一算命呢。这是自己发的，也怨埋伏！"贾母笑道："可是呢，你自己该打着你那嘴，问着你自己才是。"又向薛姨妈笑道："我不是小气爱赢钱，原是个彩头儿。"薛姨妈笑道："可不是这样，那里有那样糊涂人说老太太爱钱呢？"凤姐正数着钱，听了这话，忙又把钱穿上了，向众人笑道："够了我的了。竟不为赢钱，单为赢彩头。我到底小气，输了就数钱，快收起来吧。"贾母规矩是鸳鸯代洗牌，因和薛姨妈说笑，不见鸳鸯动手，贾母道："你怎么恼了，连牌也不替我洗。"鸳鸯拿起牌来，笑道："二奶奶不给钱。"贾母道："他不给钱，那是他交运了。"便命小丫头子："把他那一吊钱都拿过来。"小丫头子真就拿了，搁在贾母旁边。凤姐笑道："赏我吧，我照数儿给就是了。"薛姨妈笑道："果然是凤丫头小气，不过是玩罢了。"凤姐听说，便站起来，拉着薛姨妈，回头指着贾母素日放钱的一个小木匣子笑道："姨妈瞧瞧，那个里头不知玩了我多少去了。这一吊钱玩不了半个时辰，那里头的钱就招手儿叫他了。只等把这一吊也叫进去了，牌也不用斗了，老祖宗的气也平了，又有正经事差我办去了。"话说未完，引的贾母众人笑个不住。偏有平儿怕钱不够，又送了一吊来。凤姐道："不用放在我跟前，也放在老太太的那一处吧。一齐叫进去倒省事，不用做两次，叫箱子里的钱费事。"打牌输钱输到这个程度，才算得上有了一点境界了。

当然不是所有的老太太都喜欢斗骨牌，也有爱打网球、爱唱卡拉OK、爱下围棋，情趣比较高雅的老太太，但是万变不离其宗的是，所有的老太太都喜欢人家给她放牌。我最佩服的一个人，在他离开单位之后，大家才辗转听说他当年是象棋队的专业运动员，尽管我曾经亲眼目睹他使尽浑身解数，但他仍然赢不了我们上司。

朋友是用来背叛的

电视剧《红楼梦》后半部分的改编，有说好的，也有说不好的，不过至少它很细心，补上了一个Bug，没忘了让薛大少胡闹了一顿，让官府捉将了去，薛姨妈就找姐姐王夫人哭诉，顺带说了一句，宝丫头侍选才人的事，因为这个就黄了。有了这个作背景，才有了宝钗去看黛玉，问起病情，紫鹃说林姑娘这个病是好不了的，全是因为那段心病，这个老实丫头还指望薛姨妈当年在这里说笑说要去做媒保黛玉跟宝玉。宝钗思索良久，神情有些尴尬，终于正色道："林妹妹断不会因这个病的，你也少引他往这上头想。"紫鹃很失望地看着宝钗站起来，沿着游廊慢慢地走了。

　　这段虽然把宝钗写得浅了，想起来却也蛮有悲剧感。想那日还是在这个院子里，两大绝世美女金兰契互剖金兰语，说的那些掏心肝的话，多么感人，多么诚恳，宝姐姐那时候未必就那么有远见，早早便存了坏心眼，她跟黛玉，还是有些惺惺相惜的意思。那日还在这个院子里，薛姨妈用手摩弄着宝钗，叹向黛玉道："你这姐姐就和凤哥儿在老太太跟前一样，有了正经事就和他商量，没了事幸亏他开开我的心。我见了他这样，有多少愁不散的。"黛玉听说，流泪叹道："他偏在这里这样，分明是气我没娘的人，故意来刺我的眼。"宝钗笑道："妈瞧他轻狂，倒说我撒娇儿。"薛姨妈道："也怨不得他伤心，可怜没父母，到底没个亲人。"又摩挲黛玉笑道："好孩子别哭。你见我疼你姐姐你伤心了，你不知我心里更疼你呢。你姐姐虽没了父亲，到底有我，有亲哥哥，这就比你强了。我每每和你姐姐说，心里很疼你，只是外头不好带出来的。你这里人多口杂，说好话的人少，说歹话的人多，不说你无依无靠，为人做人配人疼，只说我们看老太太疼你了，我们也趁上水去了。"

　　所以后来薛姨妈说的"前儿老太太因要把你妹妹说给宝玉，偏生又有了人家，不然倒是一门好亲。前儿我说定了邢女儿，老太太还取笑说：'我原要说他的人，谁知他的人没到手，倒被他说了我们的一个去了。'虽是玩话，细想来倒有些意思。我想宝琴虽有了人家，我虽没人可给，难道一句话也不说。我想着，你宝兄弟，老太太那样疼他，他又生的那样，若要外头说去，断不中意。不如竟把你林妹妹定与他，岂不四角俱全？"的话，也未必就是假意，贾母出门去，也是千叮咛、万嘱咐托付薛姨妈照管林黛玉，薛姨妈素习也最怜爱她的，今既巧遇这事，便挪至潇湘馆来和黛玉同房，一应药饵、饮食十分精心。黛玉感戴不尽，以后便亦如宝钗之呼，连宝钗前亦直以姐姐呼之，宝琴前直以妹妹呼之，俨似同胞共出，较诸人更似亲切。我相信薛姨妈还是一片真心疼那个没娘的孩子。就像她自己说的，疼黛玉，不是为了老太太疼她，而是这孩子说话做事，的确值得人疼。只可惜天意弄人，造化误人，非要这两个人站在了对立面上，总要找一个受伤的出来，那么放弃别人总比放弃自己容易，这是人之常情，有多少人能逃脱？

一个朋友经常说一些所谓的妙语，比如"青春是用来浪费的，朋友是用来背叛的，老婆是用来欺骗的，父母是用来……"第一次听不免惊为天人，觉这位朋友语出不凡，后来听得多了，难免觉得这样不花力气的话，真是要一百句也有，没什么稀奇的。

这几句话里，对我有教育意义的也不太多，我的青春已经被我浪费到如流水一样一去不复返，纵使再想浪费，也只能梦魂之中再完成一次，老婆我是不会有的，父母如今同我远隔千山万水，想如何如何，也没那么手到擒来，所以只剩下两个选择，背叛朋友或者被朋友背叛。

只不过，背叛朋友会有心理压力，晚上容易失眠做噩梦，被朋友背叛又容易伤心，对人性失去信心。还是不要在办公室结交朋友，在洗手间讲心事，在生意场上讲道义，免得事到临头要割袍断义，又演一出钗、黛反目潇湘馆的戏码，害人害己。

常听生意场上人感叹，说相识遍天下，知己有几人？其实若真有人修炼到如此境界，才真是职场中的顶尖高手。

不同阶段，需要不同的领导人

做生意是一件残酷的事情，每一个企业界的人都真切地感受到了这一点。这里，我们来看看雅虎选CEO的案例：

当年，杨致远一直试图用一种简单的管理模式让公司重整旗鼓，他在宣布辞去首席执行官的声明中称："从创建雅虎，到把雅虎发展成为一个不可缺的全球品牌，我一直在尽最大的努力。当董事会让我重新出任CEO时，我接受了。因为对于企业而言，在不同的时代需要有不同的视角，这样才能推动公司发展。"咨询公司人士表示，如果杨致远不是雅虎的创始人，几个月前便已经走人。

在《华尔街日报》记者笔下，杨致远的错误不仅仅在于破坏了这一场并购，"雅虎现任及从前的雇员都表示，从许多方面来看，杨致远更适合创建一家年轻的公司，而不是在危机时刻掌管一家成熟企业。"他们说，当杨致远把自己的职位定为充满幻想色彩的"雅虎酋长"（Chief Yahoo）时，公司高管希望从他那里得到关于未来趋势的真知灼见。他就像一个令人喜爱的明星一样吸引了众多"粉丝"，他总是在稀松平常的对话中连珠炮似的抖落出一大堆技术术语，仅凭这一点就能和公司的工程师们打成了一片。软件公司欧特克（Autodesk Inc.）前首席执行官卡洛·巴尔茨（Carol Bartz）将出任公司下任首席执行官，从而将公司命运交付到这位在扭转公司局面上有着丰富经验的职场老将手中。卡洛·巴尔茨有着帮助年轻公司壮大成熟的履历。她曾推动欧特克的管理规定趋于规范，帮助创始人约翰·沃克（John Walker）创立的另类公司文化变得沉稳。或许现在这反而对雅虎是件好事，因为员工们希望看到一个精明强干的老板给他们带来激励。困难时期，需要一个实用主义的保守派，而不是充满想象力的创新派。杨致远作为一个创业者，都有被自己的公司赶下台的时候，就是因为他的能力是开创一个新的公司，做创业者，而不是做管理者。在经济危机发生的时候，在企业遭遇困难需要动手术过难关战略转型的时候，他的能力不仅不能发挥作用，反而可能带来反作用。比如，大家都认为，如果不是他对自己一手创立的公司太有感情，如果不是他对于软件霸主微软太有偏见，那么2008年年初微软出高价的时候，他就应该痛痛快快地把公司卖了，这样对大家都是好事。所以，他对于雅虎的现状，有着不可推卸的责任。

雅虎的新CEO，没有人听说过，但是股东们却相信在此时此刻，她比杨致远更值得相信。所以，人没有最强，没有最能干，只有最合适。

林黛玉和贾宝玉，最适合的就是在花团锦簇的大观园里，一个永远不听混账话，一个永远不说混账话，王子和公主就这样永远过着幸福快乐的生活。但是，现实往往不能如此美满。薛宝钗最后胜出，林黛玉则走向了死亡。

当然，除了协理大观园的时候，我们领略了一回宝姑娘持家的风采之外，对于她作为一个优秀管理者的事迹，只能存在于我们的想象里。因为等她当上家的时候，这个家实际上已经家破人亡，她也没有了用武之地。这又是形势比人强的另外一个力证。

选择一个好平台

在一个好的平台上，才能够施展才华，才能够学习，开阔视野。

薛宝钗是一个比较坚韧、内敛的人，她能够陪着贾宝玉共处难，但是我觉得林黛玉是比较合适同贾宝玉在一起的人，我倒不是说她的心态，或者是她对贾宝玉的感情有什么不一样，只是说她这个人，或者她的这种生活习惯比较合适在一种富贵的环境里生活。我对黛玉葬花这个场景印象比较深。在林黛玉出门葬花之前其实是做了一系列事情的，林黛玉回头跟紫鹃说："把屋子收拾了，撂下一扇纱屉，看那大燕子回来，把帘子放下来，拿狮子倚住，烧了香就把炉罩上。"这段话我经常看，看完就充满了遐想，觉得过这样的日子真是太好了。而且连欣儿都知道，林黛玉身子弱，这样的天气一旦风大就能够吹倒了，所以这样的天气她如果在厦门可能还得穿羽绒服呢！你说这样的人怎么能够跟贾宝玉在大冬天里街上打更呢？所以贾府如果继续鲜花拙荆，继续烈火烹油，贾宝玉的爱情就能够得到更大程度的尊重，因为我们都说饱暖可以谈爱情，但是很多现实主义的小说和电影都会告诉我们，其实爱情没有那么坚强，爱情有的时候很脆弱，有的时候就会因为一顿饭，或者是因为吃不饱饭就被很多人放弃了。所以在很大程度上，林黛玉和贾宝玉的爱情，在整个贾府走向没落的时候是很容易被放弃的，因为他们需要一个更强大的，更沉稳的类似一个60岁的女性老太太这样的角色来带领整个贾府，走向稳定而不会太快地衰败下去。

　　我们还是很遗憾，大家都说薛宝钗管家的能力很强，但是《红楼梦》里，我们几乎都不太能够体会到她管家的能力到底强在哪里，为什么说她能够比王熙凤管得更好呢？因为她在正式站到二奶奶的位置上，已是贾府当家人的时候，整个贾府已经衰败了，她所管理的已经不是一个大贾府了。可能在王熙凤掌管的时候，贾府每年有上千万两的银子进进出出，而到了薛宝钗管家的时候，可能只有几百两，甚至连几百两银子都已经没有了。所以人们在选择自己的职业生涯开端的时候，一个很重要的选择，就是要有一个好时机。薛宝钗没有选择，但是现在身在职场的我们就有很多选择余地。比如说现在经济环境不好，我们可以选一些经济好的行业去做，我们看到一家公司摇摇欲坠的时候，即使他给你再高的工资，你也不要去。

人在年轻的时候，学习机会最重要，薪水反而很次要。不规范、制度不健全的公司即便给你高薪，也不要贪图眼前之利，这正如唐骏[①]所说的一句话："因为在那里，你学不到东西。更可怕的是，你可能会学到错误的、不好的东西。"

一定要有好的管理、好的战略、好的经营手段。你只有到一家好的公司，一家欣欣向荣，正在走上坡路的公司，才能够学到很多有用的东西，这就是我经常说的，年轻人第一份工作一定要选一家好公司，而不是一份好职业，不是比较高的薪水，就像如果有一天，一家并不怎么好的公司招聘你去做高层管理者，你最好不要去。因为在那些公司你们学不到好的管理。

在我们的职业生涯中，公司是给我们打基础的平台，这个基础非常重要。什么样的公司是好公司，当然是像苹果、微软、IBM、英特尔、中国移动、联想等这样的世界

---

① 唐骏，中国职业经理人，曾留学日本和美国，有"打工皇帝"之称。1994年加入微软公司美国总部，先后担任微软全球技术中心总经理，微软中国公司总裁。

500强公司是好公司。还有像腾讯、盛大这样优秀的企业也是好公司，这些公司有什么共同的特点，就是它们的管理和治理结构会比较合理、规范、简单、清晰。在这样的公司工作，即使只是做前台，也能够感受到这家公司的内部是怎样运营的。

我们来看看女企业家吴士宏[①]的例子。

吴士宏当初是一名护士，她并没有受过高等教育，她很崇拜外籍人，每天看见那些衣着光鲜的白领在穿过那些旋转门进进出出的时候，她很希望自己能进入那个世界。她是一个非同寻常的女人，她吃的苦，很多女性包括我自己在内都很难做到。因为她通过自己的努力进入了IBM公司。由一个小小的护士到进入世界500强企业，她得付出多大的努力？首先需要过的一关就是要学英语。而且她进入IBM后的第一份工作其实是打杂，但是她去应聘的时候，那个行政主管随口问她会不会打字。其实打字并不是打杂的人员必须具备的能力。但吴士宏回答说会，事实上，当时她并不会打字。面试结束后，她就向朋友借了200元钱，买了一台老式的打字机，在家里没日没夜地练了一个星期。当时，她说自己的手指都弄破了，键盘上打的全是她手指上的血，经过这样的辛苦练习，她终于达到了一个专

① 吴士宏，女，1963年生于北京。1986年进入IBM。1998年2月受聘微软中国公司总经理，1999年8月从微软辞职；1999年12月1日加入TCL集团有限公司，任TCL集团常务董事副总裁，TCL信息产业（集团）有限公司总经理。2002年离开TCL。吴士宏是脚踏实地创造传统企业与向全新互联网经济拓展的中国企业家的优秀代表。

业打字员应该具备的一分钟打350个字的能力。一个星期之后，她就回IBM公司上班。在IBM打杂，这项工作并不怎么样，但这是她的一个最重要的转折点，如果没有这一步，她永远不会成为打工"皇后"，永远不会在中国职业经理人的历史上写下属于吴士宏的那一页。

"搞把大的"

我有一个胖师兄，最爱打麻将。一坐在桌子旁边，就兴奋地搓着两只肥手，两眼放光，嚷嚷说要"搞把大的"。几个男同事听了就兴致勃勃，连声附和道："对对对，搞几把大的。"一面眼光在几个女孩子身上转来转去，伴以不怀好意的笑声，极为讨厌。但是这句话不知道为什么流传了出去，并且在公司上下成为盛行一时的口头禅，到最后连老板开会的时候都说："这件事情，我们要搞把大的。"

听得多了，也就习惯了，甚至觉得搞把大的，其实是一个蛮有用的想法和做法，尤其是在需要危机公关的时候。我一向推崇的优秀职业经理人王熙凤，一生所遇的最大一次危机，当属痴丫头误拾了绣春囊那次。王夫人气色更变，只带一个贴己的小丫头走来，一语不发，走至里间坐下。凤姐忙奉茶，因赔笑问道："太太今日高兴，到这里逛逛。"王夫人喝命:"平儿出去!"平儿见了这般,慌得不知怎么样了,忙应了一声,带着众小丫头一齐出去,在房门外站住,索性将房门掩了,自己坐在台矶上,所有的人,一个不许进去。凤姐也着了慌,不知有何等事。只见王夫人含着泪,从袖内掷出一个香袋子来,说:"你瞧。"凤姐忙拾起一看,见是什锦春意香袋,也吓了一跳,忙问:"太太从哪里得来?"王夫人见问,越泪如雨下,颤声说道:"我从哪里得来?我天天坐在井里,拿你当个细心人,所以我才偷个空儿。谁知你也和我一样。这样的东西大天白日明摆在园里山石上,被老太太的丫头拾着,不亏你婆婆遇见,早已送到老太太跟前去了。我且问你,这个东西如何遗在那里来?"凤姐听得,也更了颜色,忙问:"太太怎知是我的?"王夫人又哭又叹说道:"你反问我!你想,一家子除了你们小夫小妻,余者老婆子们,要这个何用?再女孩子们是从哪里得来?自然是那琏儿不长进下流种子那里弄来。你们又和气,当作一件玩意儿,年轻人儿女闺房私意是有的,你还和我赖!幸而园内上下人还不解事,尚未拣得。倘或丫头们拣着,你姊妹看见,这还了得。不然有那小丫头们拣着,出去说是园内拣着的,外人知道,这性命脸面要也不要?"

话说到这份上,也算是雷霆震怒,不过王夫人的精妙手段到这里方才显示出非同凡响来。凤姐听说,又急又愧,顿时紫涨了脸皮,便依炕沿双膝跪下,也含泪诉道:"太太说得固然有理,我也不敢辩我并无这样的东西。但其中还要求太太细详其理：那香袋是外头雇工仿着内工绣的，带子穗子一概是市卖货。我便年轻不尊重些，也不要这劳什子，自然都是好的，此其一。二者这东西也不是常带着的，我纵有，也只好在家里，焉肯带在身上各处去？况且又在园里去，个个姊妹我们都肯拉拉扯扯，倘或露出来，不但在姊妹前，就是奴才看见，我有什么意思？我虽年轻不尊重，亦不能糊涂至此。三则论主子内我是年轻媳妇，算起奴才来，比我更年轻的又不止一个人了。况且他们也常进园，晚间各人家去，焉知不是他们身上的？四则除我常在园里之外，还有那边太太常带过几个小姨娘来，如嫣红、翠云等人，皆系年轻侍妾，他们更该有这个了。还有那边珍大嫂子，他不算甚老外，他也常带过佩凤等人来，焉知又不是他们的？五则园内丫头太多，保的住个个都是正经的不成？也有年纪大些的知道了人事，或者一时半刻人查问不到偷着出去，或借着因由同二门上小幺儿们打牙犯嘴，外头得了来的，也未可知。如今不但我没此事，就连平儿我也可以下保的。太太请细想。"

真是难为她，怎么这么快就想出了这么多点。我对思路清晰、逻辑严密的人都存有很大的敬意，因为自己学文科久了，写文章说话也都是想到哪里脱口就说，仿佛嘴总是比脑子快半拍，说错话便就是常事了。这倒让我想起当年很景仰的一个人——数字英雄王志东。我奉他为偶像的一个原因是，不论记者问他什么问题，他张口第一句话就是，这个问题，有这样四个原因，然后一、二、三、四说得一清二楚。连段落都分好了，记者们回了家，只要打进电脑，就可以交稿回家。凤姐在这样大难临头的关键时刻，还能不慌不忙，举出五点疑点证明自己的清白，凤姐的脑子，堪比黄蓉，如果做了律师上庭辩护，也必然精彩。

说完了这五点，要换了咱们，这臭事臭不到自己头上了，就赶紧躲一边念佛了，高明的人却还有下步。她见王夫人口气松动，叹道："你起来。我也知道你是大家小姐出身，焉得轻薄至此，不过我气急了，拿了话激你。但如今却怎么处？你婆婆才打发人封了这个给我瞧，说是前日从傻大姐手里得的，把我气了个死。"便立刻转了脸色主动团结上级，指出是另一个上级也就是她婆婆有心使坏，想把咱们搞臭。策反了王夫人，"如今唯有趁着赌钱的因由革了许多的人这空儿，把周瑞媳妇、旺儿媳妇等四五个贴近不能走话的人安插在园里，以查赌为由。再如今他们的丫头也太多了，万一生事作耗，等闹出事来，反悔之不及。如今若无故裁革，不但姑娘们委屈烦恼，就连太太和我也过不去。不如趁此机会，以后凡年纪大些的，或有些咬牙难缠的，拿个错儿撵出去配了人。一则保得住没有别的事，二则也可省些用度。"这里，就用上了我们说的那一招了——要主动出击，把事情搞大，能搞多大搞多大，大到全公司全行业为之震动。

当然最后的结果是王夫人梦寐以求的，她亲自披挂上阵，夜探敌营，从邢夫人陪房王善保家的亲戚司棋房里，搜出了一双男子的锦带袜和一双缎鞋来，又有一个小包袂，打开看时，里面有一个同心如意并一个字帖。还有一封情书，凤姐看完，不怒反笑起来，当着大家的面把情书朗读了一遍，这王家的只恨没地缝儿钻进去。凤姐只瞅着她嘻嘻的笑，向周瑞家的笑道："这倒也好。不用你们作老娘的操一点儿心，他鸦雀不闻的给你们弄了一个好女婿来，大家倒省心。"周瑞家的也笑着凑趣儿。王家的气无处泄，便自己回手打着自己的脸，骂道："老不死的娼妇，怎么造下孽了！说嘴打嘴，现世现报在人眼里。"众人见这般，俱笑个不住，又半劝半讽的。

这笑，自己是从心底里笑出来的，同去的人，除了王善保家的是邢夫人的人，其他的全是王夫人一派的，如今扯出隐藏的坏人，把脏水泼回到敌人脸上去，可不是大获全胜，正好笑逐颜开，得意洋洋鸣金收兵，回去开香槟庆祝去。

抄检大观园这段，写得真是绝妙，每一个职场中人都应该奉之为职场红宝书，每日诵读必有心得。

你会说自己是烧糊了的卷子吗?

原以为上司跟下属的关系，就好像资产阶级和无产阶级一样，是永远也不能调和的一对矛盾，但是事实面前，我也不能不承认，凡事都有例外。我有一些在体育媒体上班的朋友跟他们的女上司关系就很好。后来我又以为他们的女上司一定是风情万种、娇艳欲滴的女人，可是远远地惊鸿一瞥之后，我对朋友的审美品位嗤之以鼻。不过最让我意外的是朋友对女老板的评价竟然是："傻乎乎，挺好玩的。"

原来这个女上司平日不修边幅，夏天永远套件T恤，穿个大短裤就来上班，跟现代职业女性的形象大相径庭，因为女老板曾经在美国俄勒冈州某大学留学，所以小伙子们私下就叫她俄勒冈农妇。女老板知道了，却完全不在意，甚至从此就真的开始用俄勒冈农妇这个笔名。女上司虽然能干，拼劲足，但人在河边走，难免不湿鞋，所以也少不了被老板叫去批评。老板的声音，大到外面的人听得一清二楚，等女上司灰头土脸走出来，小伙子们个个神情尴尬，低头不敢看她，想给她留点面子。反倒是女上司没事儿似的，笑嘻嘻悄声说："夺妻之恨，怒火难消。"谁都知道女上司跟老板的老婆是老同学、好朋友，凑到一起有说不完的前尘往事，故有此一说。兄弟们觉得女上司不错，性格好，不刁难下属，又有幽默感，所以也同她讲义气。

看来上司除了工作能力过人之外，还要懂自嘲，有幽默感，才能有人气。

不过这个自嘲其实还真是有难度，在我看来，不是自信心爆棚的人，很难做到。以绝世美女加绝世才女林黛玉为例，虽然她样样都很出众，但因为没了双亲，无依无靠投靠外婆家，不知道别人怎么觉得，我总觉得她是有些自卑，所以很多事情就难免反应过激，不能气定神闲，大而化之。就像那日听戏，贾母深爱那作小旦，凤姐笑道："这个孩子扮上活像一个人，你们再看不出来。"宝钗心里也知道，便只一笑不肯说。宝玉也猜着了，亦不敢说。史湘云接着笑道："倒像林妹妹的模样儿。"宝玉听了，忙把湘云瞅了一眼，使个眼色。

　　林妹妹晚上回家就关上门跟宝哥哥闹，宝玉进来问道："凡事都有个缘故，说出来，人也不委曲。好好的就恼了，终是什么缘故起的？"林黛玉冷笑道："问的我倒好，我也不知为什么缘故。我原是给你们取笑的，拿我比戏子取笑。"宝玉道："我并没有比你，我并没笑，为什么恼我呢？"黛玉道："你还要比？你还要笑？你不比不笑，比人比了笑了的还厉害呢！这一节还想得。再你为什么又和云儿使眼色？这安的是什么心？莫不是他和我玩，他就自轻自贱了？他原是公侯的小姐，我原是贫民的丫头，他和我玩，若我回了口，岂不他自惹人轻贱呢。是这主意不是？这却也是你的好心，只是那一个偏又不领你这好情，一般也恼了。你又拿我作情，倒说我小性儿，行动肯恼。你又怕他得罪了我，我恼他。我恼他，与你何干？他得罪了我，又与你何干？"宝玉听说，无可分辩，一言不发……林妹妹的逻辑有些古怪，许多男的看到此处都默默点头道，唉，女人通常就是这样不讲道理的。其实林妹妹的道理第一句话就讲清楚了，就是说人拿她比戏子，跟她玩笑，就是轻贱她了。

有人替林妹妹维护，说戏子在当时是很低贱的行当，拿她比贵族小姐，小姐当然会生气。不过我觉得这个还当真要看人。戏子低贱，家生的奴才也好不到哪里去，王熙凤却说："谁教老太太会调理人，调理的水葱儿似的，怎么怨得人要？我幸亏是孙子媳妇，若是孙子，我早要了，还等到这会子呢。"贾母笑道："这倒是我的不是了？"凤姐笑道："自然是老太太的不是了。"贾母笑道："这样，我也不要了，你带了去吧！"凤姐道："等着修了这辈子，来生托生男人，我再要吧。"贾母笑道："你带了去，给琏儿放在屋里，看你那没脸的公公还要不要了！"凤姐道："琏儿不配，就只配我和平儿这一对烧糊了的卷子和他混吧。"

没这点敢自嘲的劲儿，琏二奶奶也不敢在一众小资女子面前作出"一夜北风紧"这样的粗话来，可你别说，《红楼梦》里那么多诗，我正经记得住的没几句，倒是这句粗话，每年冬天我还都会吟上几次。

赢了世界输了什么？

我觉得这个故事是我所听过的职场故事中最伤感的一个。

一个广告公司的女高层，每天都拼命工作，废寝忘食，比所有的人都早到办公室，每天直到月上阑珊才回家。到了家中，也要打开电脑，继续工作到精疲力竭，实在支撑不住了方才上床睡觉。

一天晚上，她如常很晚回家，如常在书房工作至凌晨，如常爬上床，如常吻了一下比她早上床的丈夫，然后如常沉沉睡去。第二天早上醒来，她发现丈夫全身冰凉，送到医院的时候证实已经死去多时了。

她问自己，如果那个晚上她不是那么累，不是那么精疲力竭倒在枕头上便沉睡过去，如果她还有一点精力想同丈夫说几句闲话，也许就能发现丈夫的身体有些异样，也许就可以避免他的死——毕竟，当她心不在焉、例行公事地吻上丈夫的脸颊的时候，他的脸还是温软的。

于是她开始怀疑自己每天忙碌的意义究竟在哪里？是为了更好的生活吗？恰恰相反，为了工作，她几乎放弃了生活的全部乐趣。是为了证明什么吗？丈夫生命的消逝却让她觉得自己所谓的奋斗失去了所有的意义。

于是，她辞职了。

这个带点《读者文摘》风格的故事，放在几年前，也许我会很不屑去看它，因为那时候只知道恋爱大过天，什么工作重要还是家庭重要，抑或健康最重要，这些念头从未出现在脑子里，一心只知道快乐最重要。例如念及梅艳芳身前身后的悲凉，才突然发现，原来一个女人赢了世界也可以如此不快乐。

与梅艳芳同病相怜的王熙凤（据考证说王熙凤同梅艳

芳得的是同一种病，古代叫血山崩，现在叫宫颈癌）一生争强好斗，书中说她小月之后，在家一月，不能理事，天天两三个太医用药。凤姐自恃强壮，虽不出门，然筹划计算，想起什么事来，便命平儿去回王夫人，任人谏劝，她只不听……谁知凤姐禀赋气血不足，兼年幼不知保养，平生争强斗智，心力更亏，故虽系小月，竟着实亏虚下来，一月之后，复添了下红之症。她虽不肯说出来，众人看她面目黄瘦，便知失于调养。一直调养了七八个月，才渐渐恢复。

但终究是没有好，到了七十二回，凤姐仍是恃强羞说病，但声色怠惰却连鸳鸯都看出来了。平儿见问，因房内无人，便叹道："他这懒懒的也不止今日了，这有一月之前便是这样。又兼这几日忙乱了几天，又受了些闲气，从新又勾起来。这两日比先又添了些病，所以支持不住，便露出马脚来了。"鸳鸯忙道："既这样，怎么不早请大夫来治？"平儿叹道："我的姐姐，你还不知道他的脾气的。别说请大夫来吃药。我看不过，白问了一声身上觉怎么样，他就动了气，反说我咒他病了。饶这样，天天还是察三访四，自己再不肯看破些且养身子。"鸳鸯道："虽然如此，到底该请大夫来瞧瞧是什么病，也都好放心。"平儿道："我的姐姐，说起病来，据我看也不是什么小症候。"鸳鸯忙道："是什么病呢？"平儿见问，又往前凑了一凑，向耳边说道："只从上月行了经之后，这一个月竟沥沥淅淅的没有止住。这可是大病不是？"鸳鸯听了，忙答道："哎哟！依你这话，这可不成了血山崩了。"平儿忙啐了一口，又悄笑道："你女孩儿家，这是怎么说的，倒会咒人呢。"鸳鸯见说，不禁红了脸，又悄笑道："究竟我也不知什么是崩不崩的，你倒忘了不成，先我姐姐不是害这病死了。"

虽然这样撑着，但做完了抄检大观园这桩大买卖之后，回去还来不及享受胜利的喜悦，夜里又连起来几次，下面淋血不止。至次日，便觉身体十分软弱，起来发晕，遂撑不住。请太医来，诊脉毕，遂立药案云："看得少奶奶系心气不足，虚火乘脾，皆由忧劳所伤，以致嗜卧好眠，胃虚土弱，不思饮食。今聊用升阳养荣之剂。"写毕，遂开了几样药名，不过是人参、当归、黄芪等类之剂。

这几种药，不知道当时有什么妙用没有，但我时常用来煲鸡汤，喝完除了上火之外，自我感觉都没别的什么大作用，更没觉得就补了气血了。可是凤姐的这个病拖拖拉拉一直都没有治好，就严重地影响了她和贾琏的夫妻感情。贾琏哪里是个熬得住的，偷空出去娶了尤二姐，又将自己所有的积蓄，一并搬了与尤二姐收着，又将凤姐素日之为人行事，枕边衾内尽情告诉了尤二姐，只等一死，便接她进去。尤二姐听了，自是愿意。

凤姐若听了这话，只怕也会如我们故事中的女高层一样顿悟了，如此争强，究竟所为何来？

树挪死，人不挪不活

几年前，光伏行业的朋友们都是威风八面，意气风发。他们公司的培训都是去东南亚度假胜地，而一般白领能一年去海南游趟泳都觉得是很大的福利了。总之一句话，不论现在境况如何，他们当年很风光，风光到"三年没有一个人辞职"的程度。

当时听了这句话，觉得说得很妙，深得文学笔法，侧面入笔，回味无穷。想着想着，突然就想起梨香院里夏金桂为了香菱撒泼大闹，自己搞了个小人放在枕头底下假装咒得自己心口痛，又句句暗指是香菱搞鬼，薛蟠更被这一席话激怒，顺手抓起一根门闩来，一径抢步找着香菱，不容分说便劈头劈面打起来，一口咬定是香菱所施。香菱叫屈，薛姨妈跑来禁喝。夏金桂就顶撞婆婆，薛姨妈气得没辙，公婆难断床帏事了。因此无法，只得赌气喝骂薛蟠说："不争气的孽障！骚狗也比你体面些！谁知你三不知的把陪房丫头也摸索上了，叫老婆说嘴霸占了丫头，什么脸出去见人！也不知谁使的法子，也不问青红皂白，好歹就打人。我知道你是个得新弃旧的东西，白辜负了我当日的心。他既不好，你也不许打，我立即叫人牙子来卖了他，你就心静了。"说着，命香菱"收拾了东西跟我来"，一面叫人去，"快叫个人牙子来，多少卖几两银子，拔去肉中刺，眼中钉，大家过太平日子。"

宝钗笑道："咱们家从来只知买人，并不知卖人之说。妈可是气得糊涂了，倘或叫人听见，岂不笑话。哥哥、嫂子嫌他不好，留下我使唤，我正也没人使呢。" 薛姨妈道："留着他还是淘气，不如打发了他倒干净。"宝钗笑道："他跟着我也是一样，横竖不叫他到前头去。从此断绝了他那里，也如卖了一般。"香菱早已跑到薛姨妈跟前痛哭哀求，只不愿出去，情愿跟着姑娘，薛姨妈也只得罢了。自此以后，香菱的确跟随宝钗去了，把前面路径竟一心断绝。虽然如此，终不免对月伤悲，挑灯自叹。本来怯弱，虽在薛蟠房中几年，皆由血分中有病，是以并无胎孕。今复加以气怒伤感，内外折挫不堪，竟酿成干血之症，日渐羸瘦作烧，饮食懒进，请医诊视服药亦不效验。只是日日躺着，看夏金桂跟她的陪房丫头新收的妾宝蟾闹得不可开交，大撒泼性，拾头打滚，寻死觅活，昼则刀剪，夜则绳索，无所不闹。

香菱病成这样，在高鹗的手上竟然病而不死，拖延了很久。而夏金桂失心疯，不去全力对付那个泼辣又当红的丫头宝蟾，竟然要买砒霜来毒死这个已经只剩下半条命、瘦到没法看的香菱。偏又不知道什么神奇魔法在起作用，自己喝了有砒霜的汤，呜呼死了。香菱的病不治而愈，也扶正作了大老婆。也许不是夏金桂疯了，是高鹗疯了，这种结局的发生，比北京城上空掉一个馅饼正好砸在自己头上的概率还低，完全属于痴人说梦。

所以我相信，香菱是没多活几天，也就香魂返故乡去了。可叹，真不知道这薛家有什么可留恋的，既然不是贪他的锦衣玉食，泼天富贵，难道竟是舍不下薛霸王这个人吗？香菱想必是怕越卖越差，说不定遇上个人家，连个碎嘴的婆婆、贤惠的小姑都摊不上，岂不更惨？不过说实话，既然留下来也是死路一条，倒不如搏一搏，大不了也就是换个地方死，说不定撞大运又卖回上一手如冯渊一般的人手里，岂不死里逃生，置之死地而后生？

　　今天我说香菱，到底也是马后炮，说了等于没说。不过前几天倒也巧，碰上了当年得意洋洋说公司"三年没有一个人辞职"的那位老兄。拿出名片看，早已经换了行头。我笑说："如今你更加神采飞扬，远非原来那家公司的股市表现可比了。"他连连说："侥幸，幸好当年辞职得早，跑得快，另投明主去了，不然等公司大幅度裁员下来，日子就没今天好过了。"他又问我："是不是还在老地方？"我也笑笑说，哪能呢。

第四章

在大观园要混得好的几个关键词

敬业

许多初涉职场的年轻人都会觉得，打工是替别人挣钱，创业才是为自己挣钱。自己做多少事都是为了老板，为老板挣钱，剩余价值都被老板剥削走了。这是政治经济学误导了我们，事实上，要改变这种态度，尽心尽力地打工、敬业，其实这是为了自己。

通过这些锻炼，能提高自己的技能，积累经验，塑造自己在企业乃至行业中的品牌，这一切，都是可以在打工的过程中获得的。所谓的创业就是开创自己的事业，如果把个人的职业发展也视作事业的各个阶段，就不会再有类似打工还是创业的烦恼，就能以真正良好的心态面对打工的每一天。因为你为企业创造价值的同时，也在为自己创造更多的价值。敬业的人容易受人尊重，也更容易获得上司的认可而升职。

晴雯——不敬业的典型

偏生晴雯上来换衣服，不防失了手把扇子跌在地下，将股子跌折。宝玉因叹道："蠢材，蠢材！将来怎么样？明日你自己当家立事，难道也是这么顾前不顾后的？"晴雯冷笑道："二爷近来气大得很，行动就给脸子瞧，前儿连袭人都打了，今儿又来寻我们的不是。要踢要打凭爷去，就是跌了扇子，也是平常的事。先时连那么样的玻璃缸、玛瑙碗不知弄坏了多少，也没见个大气儿，这会子一把扇子就这么着了，何苦来！要嫌我们就打发我们，再挑好的使，好离好散的，倒不好？"

这就是典型的不敬业。敬业就是要尊重并且重视自己的职业，把工作当成自己的事，对此付出全身心的努力，加上认真负责、一丝不苟的工作态度，即使付出再多也心甘情愿，并能够坦然地面对各种困难，努力去克服它，做到始终如一。

一个人应该把做好自己分内的工作当成一种习惯，即使是修鞋，也要当作艺术去做，全心全意地投入。当我们把敬业变成一种习惯时，就能从中学到更多的知识，积累更多的经验，就能从全身心投入工作的过程中找到快乐。这种习惯或许不会有立竿见影的效果，但可以肯定的是，当不敬业成为一种习惯时，结果可想而知。

成败往往取决于个人的人格，一个勤奋敬业的人也许并不能获得上司的赏识，但至少可以获得他人的尊重。

晴雯为什么不敬业？

晴雯呜咽道："有什么可说的！不过挨一刻是一刻，挨一日是一日。我已知横竖不过三五日的光景，就好回去了。只是一件，我死也不甘心的：我虽生得比别人略好些，并没有私情密意勾引你怎样，如何一口死咬定了我是个狐狸精！我太不服。今日既已担了虚名，而且临死，不是我说一句后悔的话，早知如此，我当日也另有个道理。不料痴心傻意，只说大家横竖是在一处。不想凭空里生出这一节话来，有冤无处诉。"

横竖在一处，并不是一个有保证的结果，即便是这个结果，也不能成为她的保护伞。这个结果，是她自己猜的，是根据情形判断出来的，老太太喜欢她的标致伶俐，针线活做得好，和袭人一起送给宝玉用的。贾府的规矩，爷在成亲之前，都会放两个身边人。袭人是一个，另一个自然是她了，宝玉对她的感情，自然也与别人不同。如若不是存了这个念想，晴雯平日里的作风，是不是就会收敛一些呢？

袭人基本上是过了明路了，连月钱都已经拿的不是丫鬟的而是姨太太的规格，可是袭人平时是怎么样一个小心谨慎的做法？袭人居孝，没来参加元宵夜宴，贾母还说她现如今托大了，尽派些小丫头们跟着，不自己亲力亲为。半开玩笑半认真的说："跟主子却讲不起这孝与不孝。若是他还跟我，难道这会子也不在这里不成？皆因我们太宽了，有人使，不查这些，竟成了例了。"

因此，老板的任何承诺，在没有实现之前，只能当作行动目标，而不能当作板上钉钉的囊中物。简言之，老板有说话不算话的权力。

智商不高不要紧

我们要在职场生存，要不要高智商呢？

答案：不需要。

看到这个答案，你可能会立刻反问：为什么？我们暂且不去回答这个问题，先看看下面的这个问题，也许你就会明白：

下水道的井盖为什么是圆的？

有人说，因为圆的承受力比较大，面积也比较大。于是他成了网络部的负责人。

有人说，因为圆的不会伤人。老板说，考虑得很周到，可以做客户服务。

有人说，因为圆的比较好偷。老板说，连这个都想得到，应该做财务。

有人说，因为下井道是圆的，所以盖是圆的。老板说，也对，你去做策划吧。

最后一个人说，我不知道。老板大喜，说你最老实，你就当副总吧。这个故事可以证明，老板对于智商不是很重视，他往往重视智商之外的东西。比如，忠诚，心眼不多好控制，王夫人就经常说，像袭人、麝月这样笨点儿人的倒好管理。

林黛玉智商绝无问题，她是一个绝顶聪明的人。很多人以为她的智商只在文学才能上，非也。她很聪明，事事看得明白，虽然不管事，闲暇时候替贾府算一算账，也知道这个家已经入不敷出，内里早已经倒了，只剩下外头的花架子了。

人至察则无朋。这里林黛玉还自立于花荫之下，远远地却向怡红院内望着，只见李宫裁、迎春、探春、惜春等都向怡红院内去过之后，一起一起的散尽了，只不见凤姐来，心里自己盘算道："如何他不来瞧宝玉？便是有事缠住了，她必定也是要来打个花胡哨，讨老太太和太太的好儿才是。今儿这早晚不来，必有缘故。"一面猜疑，一面抬头再看时，只见花花簇簇一群人又向怡红院内来了。定眼看时，只见贾母搭着凤姐的手，后头邢夫人、王夫人跟着周姨娘并丫鬟、媳妇等人都进院去了。黛玉看了不觉点头。

黛玉拘泥细节和规矩。不给周瑞家的面子，不是别人挑剩下的也不给我。周瑞家的是王夫人的陪房，大家族的规矩大，长辈的丫鬟们，即便是宝玉见了，也都得恭敬地叫姐姐，何况是管家陪房。可是林黛玉想不给面子就不给面子，直接斥责，有人说她是天真烂漫。

智商要高，但是高还要分场合。

首先，要用在提高业绩上。

其次，说句实话，还可以放一点在揣摩领导的需要上。我说的领导需要，不是指领导家里缺煤气、他小姨子要找工作之类的私事，这类私事如果有人愿意在工作时间之外去揣摩一下，我也是不会反对的。

领导的需要，就是我们这个部门的工作需要。

薛宝钗比林黛玉强的一个地方就是她很会走上层路线。王夫人很支持她，为什么？因为她平常工作做得到位，她去王夫人那里是一天两次，不知道大家有没有去过大观园，大观园其实挺大的，像我这样一个蛮健康的人，去大观园走一圈大概也需要一天时间，而且王夫人住的地方不是在大观园里，而是在大观园外，是在荣国府的正堂，从大观园走到荣国府的正堂，估计最少需要30分钟，但是她每天去两次，没事就在那坐着。有句话说"领导不怕贼偷，就是怕被贼惦记"，宝钗经常去领导那里，也就总会能碰到一点事。

她在王夫人那里就碰上过一次事，是金钏，就是王夫人的首席丫鬟，因为有一天跟贾宝玉偷偷摸摸说了几句打情骂俏的话，被王夫人听见了，王夫人给了她一耳光，骂了她两句，把她赶出去了，贾宝玉一下子就跑了。可是金钏这个人心气也有点大，出去之后她求了王夫人，因为她是王夫人的首席丫鬟，平日里跟王夫人的关系很好，但是王夫人没有留情面就把她赶出去了，于是她就跳井自杀了。这其实是一件大事情，而薛宝钗去王夫人那里却劝说道："姨娘是慈善人，固然那么想，据我看来，他不是赌气投井，多半是他下去住着，或是在井跟前憨玩，失了脚掉下去的，他在上头拘束惯了，这一出去，自然是到各处玩玩逛逛，岂有这样大气的理，纵容有这样大的气，也不过是个糊涂人，也不为可惜。"薛宝钗的这番话后来给自己引来了无数恶评，让人觉得她这个人太不厚道了，不把人命当回事，好端端的人跳井死了，你却在这说这些话。而在当时的王夫人看来，薛宝钗这两句话说到她心坎上去了，因为她这几句话解掉了王夫人压在心头沉重的负罪感，让王夫人当时在道德上的压力没有那么大了。接下来，王夫人就说，自己本来是要赏她银子的，还要给她两件衣服穿，但是你妹妹刚好没做什么新衣服，只有林黛玉做了几身过生日，她说林妹妹那个孩子是个有心的，况且她也"三灾八难"，既说了给她给生日，这回又给人装裹，岂不忌讳，就是王夫人知道拿林黛玉的衣服给自己的丫鬟装裹，这个事情肯定是行不通的，然后薛宝钗赶紧就说了，我前两天做了两身新衣服，就直接拿来给他用，我是不忌讳这个事情的。

所以一方面是帮王夫人在道德上、心理上解除了压力。另一方面是她真真切切地替王夫人解决了这个问题。这是一件很麻烦的事情，以前人做衣服，不像我们现在一样买，那时候要一针一针地缝。而给人办丧事的衣服，也不能够像平常那样随随便便的，可能还得绣一点花什么的，所以赶是赶不出来的，而薛宝钗肯拿自己的新衣服出来给一个丫鬟装裹，这对王夫人来说，一是解除了心头大患，二是解了燃眉之急，所以她这个人情王夫人肯定已经买下来了，以后她再选择儿媳妇，肯定觉得薛宝钗比林黛玉要贴心多了，因为薛宝钗能替她解决问题，能够替她想事。

王夫人还喜欢的另外一个人叫袭人。袭人也做了一个让大家都很讨厌她的事情。有一天，她悄悄跟王夫人说，过两年叫贾宝玉从园子里搬出来，其实大家都觉得贾宝玉这样一个风流少年住在大观园里面，跟姐妹玩玩笑笑挺好，因为袭人站在王夫人的角度，说贾宝玉现在还小，再过两三年大了，姐妹们也都大了，都是亲戚，住在一起恐怕会有一些不清不楚的话传出来。这句话大家都会觉得她肯定是暗指贾宝玉和林黛玉有什么不清不白的事，我们读者看了会很生气，觉得她打假报告，简直是害人。但是对于王夫人来说，会觉得这个丫头是站在她的立场上，想怎么维护贾宝玉的利益，怎么加强对贾宝玉的教育和控制。所以一些朋友跟我说，现在"80后"的孩子挺难管的，当然我个人对"80后"没什么意见。但是我那些朋友认为，"80后"自我意识很强。我一个朋友的孩子也是"80后"，她也经常跟我说自己已经后悔了，只生了一个小孩，因为是独生子女，所以他们心里只有一个"我"，而且那个"我"还是"大写"的，不仅是"大写"的，而且是"一号字体"，别人的"字体"都很小，因为他们眼里只看到自己，很少会站在别人的立场思考问题，不去想领导会怎么想。虽然领导的想法有时候也许不太方便说，或者说领导还没有想到的时候，你能站在领导的角度上，先把这个事情想到了，领导也许当场不会感谢你，但是他迟早会感谢你。而如果你一直站在自己的立场，永远不想领导是怎么想的，领导可能当场就知道你肯定是一个心里只有自己，没有他的人。

万科集团总裁郁亮北京大学毕业后，在深圳曾经一度也混得不怎么好。在一家外贸公司工作，住在阴暗、潮湿、闷热的地下室里，他当时很想去万科集团。为此，他日日夜夜在潮湿的地下室里写连锁超市策划书。当时，他都不知道万科是做地产的，但是他说自己站在王石的立场，王石说公司要搞多元化，但具体做什么呢？郁亮觉得做连锁超市比较好，然后就做了一个非常详细的超市策划书，并于1991年递给了万科集团总裁王石，做了"投名状"。王石其实没有看上这份"投名状"，他认为写得很差，但是，他觉得郁亮虽然没在他们公司工作，却能够站在公司的角度，替他们想一些多元化的事情，讲公司以后的发展，这位年轻人是一个可造之才，于是，他就把郁亮招到了万科集团。郁亮进入万科集团之后，也是从最基层的员工开始做起的，但是他总是站在企业的角度想问题，一直用这个思维，所以他在万科集团的晋升很快，到现在，他已经顺利接过王石传过来的"接力棒"，带领万科集团继续前进。

情商越高越好

身在职场的我们，智商可以不要太高，但情商是否要很高呢？

答案：有多高要多高。

《红楼梦》里，情商最高的人是谁？

薛宝钗？袭人？她们比较讨上层人物的欢心，是因为老板觉得这样的人好用，这样的人往往比较容易得到他们想要的。不过，薛宝钗和袭人这俩人失去了广大读者的心。几百年来，虽然钗、黛之争没完没了，不过我相信，读者群中喜欢林黛玉的肯定比薛宝钗多。喜欢晴雯的肯定比袭人多，因为我们都讨厌虚伪的，走上层路线获得成功的人。这样刻意的做法，算得上情商高吗？

林黛玉、晴雯的粉丝倒是很多，个性十足，不过整个贾府的人她们也得罪了一大半，晴雯把丫头们骂了个遍，而林黛玉，只有姥姥疼，连小红这么厉害的人，都怕了她那张嘴。

贾宝玉？不予评论，专会讨女孩子欢心的情商，本人不欣赏。

说起来，我认为情商比较高的一个人是薛蟠。他会疼人，在和柳湘莲打过之后还能当好朋友，得了鲜藕、西瓜、鲟鱼、暹猪四样宝物，除了孝敬了母亲和长辈，留下些自己吃的，左思右想，除自己之外，"唯有你（宝玉）还配吃"。他是个坏人，不过坏得很坦然，真小人而不是伪君子，所以不算全无可取之处。红楼电视剧拍摄演员选秀时，宝玉参演者的第二志愿大都是演薛蟠，可见他的群众基础也还是很不错的。

会选择合适的方式表达自己的情绪，他们也善于发现别人的优点，会替别人担心，热爱团队合作。最重要的两条就是自信和欣赏他人。自信不是盲目自信，而是要建立在个人能力之上的自信，而欣赏他人就需要你有一张夸人的嘴，说夸张一点就是见什么都说好，不过，你所说的好并不是假的，而是你真正发现他人的好。具备这样能力的人，情商很高，周围的人都会愉快，当然也包括他自己。

所以，情商高不等于完美，而是真实；情商高不等于虚伪，而是简单。无招胜有招，让所有的人都喜欢，不是不可能的事。

和上司的距离需要多远？

和上司的距离究竟要多远呢？我们先看看《红楼梦》中的案例：

A. 晴雯，距离太远，远到产生误解。

她身为怡红院的二号人物，王夫人竟然连她的名字也不知道，王善保家的道："别的都还罢了，太太不知道，一个宝玉屋里的晴雯，那丫头仗着他生的模样儿比别人标致些。又生了一张巧嘴，天天打扮的像个西施的样子，在人跟前能说惯道，掐尖要强。一句话不投机，他就立起两个骚眼睛来骂人，妖妖趫趫，大不成个体统。"王夫人听了这话，猛然触动往事，便问凤姐道："上次我们跟了老太太进园逛去，有一个水蛇腰、削肩膀，眉眼又有些像你林妹妹的，正在那里骂小丫头。我的心里很看不上那狂样子，因同老太太走，我不曾说得，后来要问是谁，又偏忘了。今日对了坎儿，这丫头想必就是他了。"王夫人对她是有误会的，这种误会建立在对她的不了解上，容易偏听他人之词，容易受到一些片段印象的影响。她本是个坦荡聪慧之人，因误会和谗言而断送性命，比司棋、金钏更加令人痛心。

与上司和老板距离太远不可取。许多人都有这样一种意识，我只是来工作的，我是一个执行者，领导做出什么样的决定我只管执行即可，没必要与上司有过多的沟通和接触。反而与上司走得太近容易招惹来麻烦，毕竟"伴君如伴虎"。这是现今职场上很多人的想法。其实这种想法有其不合理之处，身为下属还是有必要近距离与上司接触、沟通的。

沟通是协作的开始，互相之间通个气，交换一下意见，或者传达一下意思，都是团队作战所必需的过程。如果一味地把自己的想法闷在心里，于事情的进展毫无益处，反而还会产生许多不必要的阻碍。不主动与上司沟通，许多事情不能够及时地澄清，就等于自己的默认，自己委屈倒是小事，在上司印象中你被打了折扣，以后的评估甚至是晋升之路都会受到影响。一个在上司的脑子里没有什么印象的员工是很难受到青睐的，他们不知道你每天都在想什么，把更重要的工作交给你是一件比较冒险的事情。因为没有哪一个上司总是会主动找你沟通，而你在他们的面前仿佛不存在一样，很多好机会也都会把你漏掉。

B.袭人和领导距离太近，也会产生误会。

宝玉为什么疑心是袭人告密？宝玉道："怎么人人的不是太太都知道，单不挑出你和麝月、秋纹来？"袭人听了这话，心内一动，低头半日，无可回答，因便笑道："正是呢，若论我们也有玩笑不留心的孟浪去处，怎么太太竟忘了？想是还有别的事，等完了再发放我们，也未可知。"宝玉笑道："你是头一个出了名的至善至贤之人，他两个又是你陶冶教育的，焉得还有孟浪该罚之处！"实际上，根据后来蛛丝马迹的推测，告密者很有可能是秋纹，因为袭人已经坐稳了这个位置，晴雯实际上无法对她构成威胁，她没有必要做恶人，让宝玉不高兴。但是宝玉会怀疑到她的头上，为什么？因为她和王夫人的关系太密切了。

和上司保持适当距离，过分亲密会产生许多不必要的误会。同事可能会觉得你是上司安排在他们身边的间谍，并且自己有什么事情捅了娄子，首先想到的就会是你，因为你身在他们中间，却又与老板走得很近，于情于理你都难逃怀疑。你依靠自身的能力取得了辉煌的成绩，虽然老板也承认你的功绩，但是，不管谁来澄清，你也难逃有老板帮忙的嫌疑。因为与老板走得近才会取得如此出色的成绩，这会成为很容易被其他同事相信的判断，而这一点，对于你的名声来说并不好。更重要的是，你与上司走得非常近，会莫名其妙地遭到其他同事的讨厌，这是职场上一种毫无道理的情绪，但是却很风行。如果你确实很有能力，自己办好很多事情，不妨在与上司"亲密"的程度上稍微控制一下自己，虽然苍天有眼，但是生活在舆论的压力下，再清白的自己也难免受到负面影响。当然，袭人告密的事也不是没做过，只不过不是晴雯这个级别的，所以宝玉说她，倒也不算冤枉。

因此，跟上司的关系，就像是恋爱时候对男朋友的态度，要若即若离，不能形影不离，也不能相忘于江湖。

忠诚不可或缺

我以前看过《金融时报》有一篇文章叫《二等智慧》，文中说英雄到了外企通常就没有用武之地，就好像一组上好的红木家具配在简洁装修的现代居室里，怎么放都不合适。马云也跟我说过，说他不要天才，只要一些中等智力并且肯干的人就行了。我经常问他阿里巴巴已经做得这么大了，杭州离上海也很近，上海的人才也更多，为什么不将总部搬到上海去？他说他经常从上海挖人，从杭州招人最大的障碍是什么？就是地域问题。因为杭州那个地方，不像北京、上海，人才遍地都是！在杭州招人就没有北京、上海这么容易了。但还是有人愿意来。他说自己招不到那么聪明的人无所谓。

我觉得马云"只要一些中等智力并且肯干的人就行了"这个观点不无道理。像林黛玉、晴雯，都是因为觉得自己的智商太高，所以其情商没受到重视，就偏低了，这就是聪明反被聪明误！一等智商的奴婢放不下身段，反而不如一些中等智商并且肯干的庸才。所以，如果将晴雯放在今天的职场上，她非落得一个头破血流的下场，这不是贬低晴雯！

我有一个朋友，我们叫他A。他和他的好朋友B是大学同学，他们同时大学毕业，后来进了同一家公司，两个人关系非常好。一天，B说他要离开这个公司，被对手的公司挖走了，请A暂时替他保密。A是一个很聪明的人，他演技也非常好，所以，一直都没有向公司人说他的好朋友被竞争对手挖走的事实。

有一天老板来问他："听说你的朋友被对手挖走了？"他立刻作出非常惊讶的样子，然后很愤慨地说："绝对不可能，不可能有这样的事情。"说完之后，他回去很得意对他的朋友说："今天老板问我了，我替你打了马虎眼，这个事情已经过去了。"

结果他的朋友大经失措地说："我听说这两家公司的经理昨天在一起吃的晚饭，他们已经知道我要过去了。所以，老板今天问你这句话其实是想来试探你到底忠心不忠心。"这个人以为自己演技很好，以为自己能够在这个问题上帮得了自己的朋友，结果却在领导的心中打上了一个×。本来A在这个公司发展的前途是很好的，因为这件事情，这个领导就慢慢疏远了他。在领导眼里，A虽然很聪明，很能干，但是他对我不忠心，有一些重要的信息，他明明知道却不告诉我，而且是在我问他的情况下，都不肯说，这说明这个人的心不是在公司，而是在外边。尽管他后来再三跟领导挽回说自己的确不知道，说自己的这个朋友太不像话，不仅瞒了你，连自己最要好的朋友都瞒。但是，领导就是不相信他了。

所以，领导其实很多时候真的不是那么注重智商。他会注重智商以外的因素。

老板是用来狐假虎威的

曹雪芹真是个妙人，《红楼梦》一书思维运笔常在常理之外，比如，写到大观园里一派花柳繁花、温柔富贵的景象，公子小姐们在里面过着幸福生活的时候，按一般人的想法，自然是编排些风雅韵事，吟诗作画玩游戏。就像现在电视剧里一演到有钱富豪的生活，就是男的打高尔夫，坐游艇旅游，女的每天做头发逛街，看得多了觉得做富豪也挺闷的。看了许多明清言情小说，也大抵如是，差别只在于作者代那些才子才女写的诗，水平有高低而已。

曹雪芹就不一样了，看见他笔下这些公子小姐们开诗社写诗，我的心里就直打哆嗦，不知道他又要在他们的诗里写出多少悲秋之意，隐含多少命运之谶。府里正经和平无波，人人有饭吃，人人有衣穿的太平盛世，他却用了几场丫头婆子之间的打架斗殴来表现，让我们这些后辈看了只能说："高！"

"高"字不能白说，说完了也要仔细研究学习领会其中要旨。我看了两遍，突然就看穿了一个事实，悟出了一点道理。这个事实就是，麝月其实很厉害：丫头们吵得不可开交，袭人的春风化雨似的教诲不起作用，晴雯柳眉倒竖、声色俱厉的责骂也不起作用，最后总是要麝月站出来才将事件平息。可是麝月那一招也很简单，就是狐假虎威。却说丫头芳官同她干娘洗头，她干娘自然偏心，用亲女儿洗完了剩下的洗头水给她洗，芳官可是戏班子里的正旦，怡红院的新宠，自然咽不下这口气，大吵起来。大丫头们都给芳官撑腰，袭人忙打发人去说："少乱嚷，瞅着老太太不在家，一个个连句安静话也不说。"干娘向芳官身上拍了几把，芳官便哭起来。

宝玉便走出，袭人忙劝："作什么？我去说他。"晴雯忙先过来，指他干娘说道："你老人家太不省事。你不给他洗头的东西，我们给他，你不自臊，还有脸打他。他要还在学里学艺，你也敢打他不成！"那婆子便说："一日叫娘，终身是母。他排场我，我就打得！"这个大道理一说出来，袭人、晴雯全没词了，袭人唤麝月道："我不会和人拌嘴，晴雯性太急，你快过去震吓她两句。"麝月听了，忙过来说道："你且别嚷。我且问你，别说我们这

144

一处，你看满园子里，谁在主子屋里教导过女儿的？便是
你的亲女儿，既分了房，有了主子，自有主子打得骂得，
再者大些的姑娘、姐姐们打得骂得，谁许老子娘又半中
间管闲事了？都这样管，又要叫他们跟着我们学什么？
越老越没了规矩！你见前儿坠儿的娘来吵，你也来跟他
学？你们放心，因连日这个病那个病，老太太又不得闲
心，所以我没回。等两日消闲了，咱们痛回一回，大家
把威风煞一煞儿才好。宝玉才好了些，连我们不敢大声说
话，你反打的人狼嚎鬼叫的。上头能出了几日门，你们
就无法无天的，眼睛里没了我们，再两天你们就该打我
了。他不要你这干娘，怕粪草埋了他不成？"

那干娘原是个三等人物，托了芳官的福才进了园子，
没见过世面，让麝月给吓住了。其实若换成像宝玉的奶妈
李嬷嬷，回一句："我就坐在这里等，有本事你请了老太
太来我看。"麝月也就傻了眼了，老太太岂能因为这些小
事来给你一个二等小丫头撑腰。想必后来她自己也意识到
了，所以下一次为了春燕她娘要打春燕吵架的时候，袭人
见她娘来了，不免生气，便说道："三日两头儿打了干
的、打亲的，还是卖弄你女儿多，还是认真不知王法？"
这婆子来了几日，见袭人不言不语是好性的，便说道：
"姑娘你不知道，别管我们闲事！都是你们纵的，这会子
还管什么？"说着，便又赶着打。袭人气得没办法，最后
还是靠了麝月排众而出，对婆子及众人道："怨不得这嫂
子说我们管不着他们的事，我们虽无知错管了，如今请出

一个管得着的人来管一管，嫂子就心服口服，也知道规矩了。"便回头叫小丫头："去把平儿给我叫来！平儿不得闲就把林大娘叫了来。"那小丫头应了就走。众媳妇上来笑说："嫂子，快求姑娘们叫回那孩子吧。平姑娘来了，可就不好了。"那婆子说道："凭你那个平姑娘来也评个理，没有娘管女儿大家管着娘的。"众人笑道："你当是哪个平姑娘？是二奶奶屋里的平姑娘。他有情呢，说你两句，他一翻脸，嫂子你吃不了兜着走！"

平儿不得空，但大家都是"锦衣卫"的一员，这个面子是一定要给的，所以就派了个小丫头回来口头支持，说："平姑娘正有事，问我作什么，我告诉了他，他说：'既这样，且撵他出去，告诉了林大娘在角门外打他四十板子就是了。'"那婆子听如此说，自不舍得出去，便又泪流满面，央告袭人，赌咒发誓的，终于留下来，人也就老实了。

多加二两银子的月钱

现如今北美经济也不景气，漂洋过海来到新大陆的新移民，基本上都尝到过这样的苦头，没有工作经历就找不到工作，找不到工作就永远也没有工作经历。怎么办呢？办法总是人想出来的，于是就有了专门给人开工作经历的公司，这个公司一样要你去上班做项目、写程序，不同的是，公司不给你发薪水，反而要你给公司交钱。听起来觉得离谱，但生活艰难，我的好多朋友还是咬牙交了前些日子在餐馆洗碗送外卖的钱，去换了那份可笑的工作经历。

人不是傻的，吃亏的事情做了心里也多少会不舒服。朋友们坐在一起，难免会骂一骂万恶的资本主义，夸一夸按劳分配、多劳多得、少劳少得的社会主义社会。话说回来，做得好、表现突出也不一定能获得领导赏识，也不一定就会得到擢升或者加薪，某些事情，一来看命，二来也要看自己如何去争取。

老板事多，每天见的人也多，千头万绪的，你做的事情再出色，人家记得这件事，未必记得你这个人。或者你虽然能够比老板的家人更理解老板，比老板的管家做事情更妥帖，比老板的老婆更懂得替他省钱，却没有成功地告诉老板，你也是他生命中不可或缺的一个角色。简单地说，虽然你的业绩很出色，也无法以此告知领导：你也会是个很好的管理者。

怎么办呢?

要让老板知道你的欲望，适当的时候就算觉得尴尬也要表现出非凡的决心和野心。

话说丫头袭人，在她主子宝玉被老爷子爆打了一顿之后，她抽了个空去太太房里，说了这么一番话："我今儿在太太跟前大胆说句不知好歹的话。论理……"说了半截忙又咽住。王夫人道："你只管说。"袭人笑："太太别生气，我就说了。"王夫人道："我有什么生气的，你只管说来。"袭人道："论理，我们二爷也须得老爷教训两顿。若老爷再不管，将来不知做出什么事来呢。"王夫人一闻此言，便合掌念声"阿弥陀佛"，由不得赶着袭人叫了一声："我的儿，亏了你也明白，这话和我的心一样。"

这话可不是一般大胆，我看袭人姑娘可是把这份职业的前途跟身家性命都赌上了。少爷挨打那阵，看王夫人哭的那样，扑上去说要打死他，先打死我。老太太气得不得了，当着下人的面大骂儿子不孝顺，这会儿伤疤还没好呢，就跑来太太跟前说，打得好，该打。万一王夫人就是一味溺爱，将来做不做出什么事的，完全不放在心上，袭人的命可就悬了。不过袭人揣摩宝玉的心思一流，猜王夫人的心思本事也不低，这招棋走对了，袭人立马就树立了一个有见识、敢说话的形象了。

袭人道："我也没什么别的说。我只想着讨太太一个示下，怎么变个法儿，以后竟还教二爷搬出园外来住就好了。"王夫人听了，吃一大惊，忙拉了袭人的手问道："宝玉难道和谁作怪了不成？"袭人连忙回道："太太别多心，并没有这话。这不过是我的小见识。如今二爷也大了，里头姑娘们也大了，况且林姑娘宝姑娘又是两姨姑、表姊妹，虽说是姊妹们，到底是男女之分，日夜一处起坐不方便，由不得叫人悬心，便是外人看着也不像。一家子的事，俗语说'没事常思有事'，世上多少无头脑的人，多半因为无心中做出，有心人看见，当作有心事，反说坏了。只是预先不防着，断然不好。二爷素日性格，太太是知道的。他又偏好在我们队里闹，倘或不防，前后错了一点半点，不论真假，人多口杂，那起小人的嘴有什么避讳，心顺了，说得比菩萨还好，心不顺，就贬得连畜生不如。二爷将来倘或有人说好，不过大家直过没事，若要叫人说出一个不好字来，我们不用说，粉身碎骨，罪有万重，都是平常小事，但后来二爷一生的声名品行岂不完了，二则太太也难见老爷。俗语又说'君子防不然'，不如这会子防避的为是。太太事情多，一时固然想不到。我们想不到则可，既想到了，若不回明太太，罪越重了。近来我为这事日夜悬心，又不好说与人，唯有灯知道罢了。"

就像王夫人先前说的那样："近来我因听见众人背前背后都夸你，我只说你不过是在宝玉身上留心，或是诸人跟前和气，这些小意思好，所以将你和老姨娘一体行事。"可见之前王夫人眼里袭人也就是个一般的丫头，顶多是一个会做事的丫头，可是听完了袭人这番说话，王夫人如雷轰电掣的一般，正触了金钏儿之事，心内越发感爱袭人不尽，忙笑道："我的儿，你竟有这个心胸，想得这样周全！我何曾又不想到这里，只是这几次有事就忘了。你今儿这一番话提醒了我。难为你成全我娘儿两个声名体面，真真我竟不知道你这样好。罢了，你且去吧，我自有道理。只是还有一句话：你今既说了这样的话，我就把他交给你了，好歹留心，保全了他，就是保全了我。我自然不辜负你。"同样一个挨打事件，宝钗送了药丸子，黛玉哭红了眼睛，晴雯送了次手帕，袭人利用这次事件成功上位。不知道宝玉要是知道自己挨了顿打，不喜欢的人统统受益，喜欢的人哭到心碎，还会不会说"就是为这些人死了，也是甘心的"。

袭人的这番话，甚是高明：第一，找了一个严重的话题，太太不能不上心。第二，找了几个替罪羊顶着，将自己无声无息撇得干净。第三，讲了一番大道理，显得自己对大局极有控制，眼界开阔。第四，表了忠心，显示了能力。虽然袭人是个丫头，但她想的是太太该想的事，她的能力超过了一般的丫头。

结果，太太从自己的月银中分了二两一吊给她，传令下去以后袭人丫头就跟姨太太一般的待遇了。太太授了权，日后她管起宝玉，管起怡红院的那帮丫头，也就名正言顺了。加了薪，黛玉、湘云两个还傻乎乎地跑去给她道喜，这一举多少得，我都算不清了。

加工资也要看缘分

说到袭人献媚邀赏，要权、加薪大获全胜的事，我有个身为一家公司高级管理层的朋友看了就给我打电话说："袭人这种事情，第一，对个人素质要求太高，火候难以掌握得如此不温不火，一定要有天分才能做得到。第二，就算成功，也算是小概率事件，我做管理这么些年，见到的多是邀功不成蚀了米的。"

他说他们公司有个老员工，工作年头不短，忠勇勤快，任劳任怨，从没有主动向公司提过什么要求。他前几天想起这位老员工来，深感其高风亮节，于是决定给这个老员工升迁职位，加工资，甚至还给老员工即将结婚的女儿备了一个大红包。没想到在决定宣布的前一天，老员工突然自己提出要加工资，他一看，老员工自己提出的工资涨幅，还不如他所决定的多，于是很快就批准了。谁知道老员工随后接二连三提出了无数要求，让他不胜其烦，老员工在他心目中的地位一落千丈，不仅没给他升迁，连女儿婚礼的大红包也取消了。

他说那老员工先前不是这样的，熬了这么多年，结果少熬了一天就什么都鸡飞蛋打了，也不知道是不是回家听老婆吹枕头风吹晕了，不管怎么说，老员工同加工资升职，是没什么缘分了。

听完他的故事，我真的不知道是附和他好，还是同情老员工好。但是他说的一句话是没有错的，人同人之间要讲缘分，人同职位、工资之间，也是要讲缘分的。缘分不到时，怎么努力争取，也就博人一个白眼，缘分到时，无心插柳柳自成荫。

怡红院的丫头中可是藏龙卧虎，伶俐的、懂事的、娇俏的、傻乎乎的都有，只有后院里藏着那个精明的丫头林红玉，被人遗忘。她的背景可比前院那些人都深厚，荣府大管家林之孝是她爹，原是荣国府中世代的旧仆，他父母现在收管各处房田事务。可不比那些买来的，家生的奴才地位高？这红玉年方十六岁，因分人在大观园的时节，把她便分在怡红院中，倒也清幽雅静。不想后来命人进来居住，偏生这一所儿又被宝玉占了。

这红玉虽然是个不谙事的丫头，却因她有三分容貌，心内着实妄想痴心地往上攀高，每每要在宝玉面前显弄显弄。只是宝玉身边这些人都是伶牙利爪的，哪里插得下手去。只能说她跟怡红院八字不合，没缘没分。当初贪在宝玉身边，得脸子的机会都比别的院子多，没想到混了几年在后院做些粗活，别说得脸，正经主子宝玉的脸，等闲都见不着。好容易瞅个空，给宝玉倒了杯茶，结果还没说上几句话，秋纹、碧痕回来，兜脸啐了一口，骂道："没脸的下流东西！正经叫你去催水去，你说有事故，倒叫我们去，你可等着做这个巧宗儿。一里一里的，这不上来了。难道我们倒跟不上你了？你也拿镜子照照，配递茶递水不配！"碧痕道："明儿我说给他们，凡要茶要水送东送西的事，咱们都别动，只叫他去便是了。"秋纹道："这么说，不如我们散了，单让他在这屋里呢。"二人你一句，我一句，骂得她万念俱灰，以为从此老死怡红院，出头无望了。

套句土话说，机会是留给有准备的人的，林红玉的机会在她准备了很久之后姗姗来迟，林红玉生命中最重要的那个人此后终于出现了。芒种节大观园里花枝招展的，红玉还在跟贾芸闹单相思呢，只见凤姐站在山坡上招手叫，红玉连忙弃了众人，跑至凤姐跟前，堆着笑问："奶奶使唤做什么事？"凤姐打量了一番，见她生的干净俏丽，说话知趣，因笑道："我的丫头今儿没跟进我来。我这会子想起一件事来，要使唤个人出去，不知你能干不能干，说的齐全不齐全？"红玉笑道："奶奶有什么话，只管吩咐我说去。若说得不齐全，误了奶奶的事，凭奶奶责罚就是了。"

就这样，她给凤姐传了一番话，四五门子的话说得明明白白，清清楚楚，对了凤姐的胃口，凤姐就说："好孩子，难为你说的齐全。别像他们扭扭捏捏的蚊子似的。嫂子你不知道，如今除了我随手使的几个丫头、老婆之外，我就怕和他们说话。他们必定把一句话拉长了作两三截儿，咬文咬字，拿着腔儿，哼哼唧唧的，急得我冒火，他们哪里知道！先时我们平儿也是这么着，我就问着他：难道必定装蚊子哼哼就是美人了？说了几遭才好些儿了。"李宫裁笑道："都像你泼皮破落户才好。"凤姐又道："这一个丫头就好。方才两遭，说话虽不多，听那口声就简断。"说着又向红玉笑道："你明儿服侍我去吧。我认你做女儿，我一调理你就出息了。"伶牙俐齿，会看人眼色在怡红院是要不得的罪过，在凤姐眼里是千金难买的好品德，林红玉被调去了公司的权力部门工作，与小部门经理贾芸结了好姻缘。

可笑林红玉路上撞到怡红院的丫头，晴雯还冷笑着说："怪道呢！原来爬上高枝儿去了，把我们不放在眼里。不知说了一句话、半句话，名儿、姓儿知道了不曾呢，就把他兴得这样！这一遭半遭儿的算不得什么，过了后儿还得听！有本事从今儿出了这园子，长长远远的在高枝儿上才算得。"事后看来，真是悲凉。红玉出了这个园子，在那高枝上还真是长长远远的，而晴雯高高占住了怡红院的高枝，却落了这样一个下场。

这个故事告诉我们，能加到工资是缘分，能升职是缘分，能找到一个好公司更是缘分，找到一个欣赏你的老板，就像找到一个爱你的人一样，也需要缘分。

老板心中一杯茶

缘分是虚无缥缈、捉摸不透的东西，但是我们凭着练就的雪亮的眼睛，必定能从无形中看出蛛丝马迹，雪泥鸿爪，让有缘还是无缘的问题，自己说了算，才算得上是积极的职场态度。

还是说丫头林红玉，她与怡红院为什么会没有缘分？芳官为什么就能在怡红院里吃得开呢？这个问题说白了也很简单，我们且去看看林红玉在怡红院霉了几年，终于瞅着一个空上来给宝玉倒了杯茶，宝玉只见她是穿着几件半新不旧的衣裳，倒是一头黑油油的头发，绾着个髻，容长脸面，细巧身材，却十分俏丽干净。这番形容，在美女遍地的《红楼梦》里也就相当于我们现在赞一个女孩气质好，是才女一样了。再看芳官在怡红院里是怎么打扮的，她只穿着一件玉色红青酡三色缎子斗的水田小夹袄，束着一条柳绿汗巾，底下水红撒花夹裤，也散着裤腿。头上眉额编着一圈小辫，总归至顶心，结一根鹅卵粗细的总辫，拖在脑后。右耳眼内只塞着米粒大小的一个小玉塞子，左耳上单带着一个白果大小的硬红镶金大坠子，越显的面如满月犹白，眼如秋水还清。每次看到这段描写，我都忍不住感叹，中国文人除了言情小说家之外，都有些冷美人情节，小说中的女主角大多是冰清玉洁，孤高自许，或者天真到不解世情，娇憨到无与伦比。芳官小小年纪，在戏台上唱了几年花旦，学的这番打扮作为，性感指数直追秦可卿，那走能干路线的林红玉跟她一比，实在是天壤之别。

再说怡红院，几十个花骨朵一样的姐妹，众星捧月地就看着一个十几岁的少爷，怡红院花草再多，古董再精，也实在没多少工作要做。这些人好吃、好住地养着，也不过就是陪少爷开心、斗嘴，别闷着了他，少爷看这些丫头也不过是靠来养眼的，难道还指望她们创收不成？想那芳官，作丫头的连吹凉一碗汤都不会，麝月说提起淘气，芳官也该打几下。昨儿是她摆弄了那坠子，半日就坏了。袭人也说，她也该学着些服侍，别一味呆憨呆睡。可是她吹那碗汤，宝玉还心疼说，仔细伤了气。

怡红院群芳开夜宴，芳官可着劲地喝酒，只吃的两腮胭脂一般，眉梢眼角越添了许多风韵，身子图不得，便睡在袭人身上，"好姐姐，心跳得很。"袭人笑道："谁许你尽力灌起来。"晴雯还只管叫。宝玉道："不用叫了，咱们且胡乱歇一歇吧。"自己便枕了那红香枕，身子一歪，便也睡着了。袭人见芳官醉得很，恐闹他唾酒，只得轻轻起来，就将芳官扶在宝玉之侧，由他睡了。自己却在对面榻上倒下。

天亮后，袭人睁眼一看，只见天色晶明，忙说："可迟了。"向对面床上瞧了一瞧，只见芳官头枕着炕沿上，睡犹未醒，连忙起来叫他。宝玉已翻身醒了，笑道："可迟了！"因又推芳官起身。那芳官坐起来，犹发怔揉眼睛。袭人笑道："不害羞，你吃醉了，怎么也不拣地方儿乱挺下了。"红玉倒杯茶给人骂的这样，芳官醉了袭人给扶上宝玉的床，那些醋缸子看了，竟然一句闲话没有，这样的人有人疼、有人爱，月钱拿得还比红玉多，想来还是因为宝玉喜欢这调调吧。

凤姐就不同了，她老公就那么块料，她身边的人首先就不能是个蹬鼻子上脸的狐媚子，其次才是言语爽利，办事得力。芳官那个质素是近不了凤姐身旁三丈的。

因此挑老板的时候，先看看老板是个什么样的人，据此将自己塑造成老板心中的那杯茶，你与老板之间的缘分也就到了。

细心的人也许要问了，芳官在怡红院吃得开，为什么同性恋藕官在潇湘馆也发展得不错呢？莫非她也是林妹妹心中的那杯茶？这个问题，我放弃回答，因为我也不明白。

旺地旺市无定论

且说林红玉丫头脱离了怡红院的苦海，拣着高枝儿飞上去了。我回头想了想，又觉得有些不对，怡红院里风光旖旎，左边一株海棠似火，右面一丛芭蕉如玉，主子是个从不打骂顾客的模范，丫头领班袭人是个温柔和顺的解语之花，怎么就是苦海了呢？再说那凤姐的院子里，凤姐那赛过一百个男人的心就不用提了，还刻薄寡恩，看不顺眼的下人顺手拔下簪子就戳嘴，也没的弄点回扣藏些私，凤姐的眼风一扫都能给你扒下一层皮来；贾琏是个想偷腥的猫，越不让他偷他还越想偷，在他院子里讨生活，就更是让他偷也不是，不让他偷也不是，两面都讨不了好；平儿这丫头咱们之前已经口诛笔伐过了，这里不多说，反正不是省油的灯；秋桐这个姨太太，是一把被人用来杀人不见血的钝刀；尤三姐够泼辣的了吧，也不过只敢托个梦给她姐姐，号称要一剑砍了那个妒妇，梦里听的鬼话，当然也就当不得真了……这样一个人间地狱，到了林红玉那儿，怎么又成了高枝了呢？

可见世上的事情并无定论。林红玉作为大管家的女儿，走后门进了怡红院，灰头土脸地出去了。芳官小朋友作为被遣散的戏子进了怡红院，好狠斗勇，整得鸡飞狗跳，她自己细细地唱上一段袅晴丝，喝多几口酒，袭人还亲手把她扶到宝玉的床上去睡，怡红院里那些一贯争风吃醋的丫头们一句闲话没有，真是同人不同命。再看尤二姐多好的模样，多好的性情，好端端一个人走进了凤姐的院子，几个月的功夫就横着抬出去了，林红玉却在那个地方如鱼得水，日后还感念凤姐大恩，还了她天大的一个人情，这也是同人不同命。

可见旺地旺市并无定论，他人的鬼地说不定正是你的旺地。人同此心，开铺要去旺地，做生意要找旺场，哪个彩票投注站上周开出大奖，这周人人打几十块钱的的士也要跑去那里买彩票。同样一份市场调查报告，说十种中国内地的主要消费品之中，有一百个产品属于海外品牌。有人看到了这份报告，连夜另选出路，不想同海外品牌竞争，也有人见报告大喜，说既然海外品牌在市场上已经成功，说明该行业在市场内有机会获胜，于是趁旺分上一杯羹。

做生意各有招数，找工作也一样，旺地竞争大、机会多，淡场竞争少、易出头，正所谓有人辞官归故里，有人漏夜赶科场，也是一样的道理。

老虎不发威，莫当它是病猫

我其实不太喜欢像晴雯这样的人，在对宝玉和袭人的

158

关系问题上，她就着实拎不清，没搞明白自己的地位和立场。袭人跟宝玉初试了云雨情，又凭着自己贤良淑德的言行举止获得了王夫人的首肯，确立了自己母仪怡红院的地位，晴雯心里必是有些狐狸吃不到葡萄就说葡萄酸的情绪。

　　如果我没有记错的话，晴雯至少当着宝玉的面，说过三次以上这样的话："你们那些装神弄鬼的事，打量我不知道呢。"这话其实很有意思，宝玉跟袭人的事，其实没打算瞒别人，老太太、太太都是知道的，你晴雯知道不知道，可没人在乎。这样三番两次地说，难道是暗示袭人靠的是裙带关系，而非实力上位？晴雯自己既不愿意走袭人之路，又多少有些看不惯袭人在上头那里得脸，所以当秋纹夸说太太赏了她两件衣服，好有面子的时候，就"呸！"了一声道："没见世面的小蹄子！那是把好的给了人，挑剩下的才给你，你还充有脸呢。"秋纹道："凭他给谁剩的，到底是太太的恩典。"晴雯道："要是我，我就不。若是给别人剩下的给我，也罢了。一样这屋里的人，难道谁又比谁高贵些？把好的给他，剩下的才给我，我宁可不要，冲撞了太太，我也不受这口软气。"秋纹忙问："给这屋里谁的？我因为前儿病了几天，家去了，不知是给谁的。好姐姐，你告诉我知道知道。"晴雯道："我告诉了你，难道你这会退还太太去不成？"秋纹笑道："胡说，我白听了喜欢喜欢。哪怕给这屋里的狗剩下的，我只领太太的恩典，也不犯管别的事。"众人听了都笑道："骂得巧，可不是给了那西洋花点子哈巴儿了。"

矛头直指刚升了例钱，时常得了太太衣裳的袭人是西洋花点子哈儿狗，袭人也不过是笑着道："你们这起烂了嘴的！得了空就拿我取笑打牙儿。"每每看到这里，当真佩服袭人涵养的功夫到家，受了这样的话，还能笑得出来。可晴雯呢，抢着出门去拿那瓶子，嘴里还是不忘多说两句："虽然碰不见衣裳，或者太太看见我勤谨，一个月也把太太的公费里分出二两银子来给我，也定不得。"说着，又笑道："你们别和我装神弄鬼的，什么事我不知道。"难怪90%的人都怀疑晴雯被逐是她去挑唆的，以晴雯这样有事没事玩针对，谁相信她们两个没仇？

何况袭人从来不是个病猫，而是一个不时时发威的老虎。第六十二回晴雯开玩笑说，留了芳官伺候，她们都是可以去的了。晴雯道："唯有我是第一个要去，又懒又笨，性子又不好，又没用。"袭人笑道："倘或那孔雀褂子再烧个窟窿，你去了谁可会补呢。你倒别和我拿三撇四的，我烦你做个什么，把你懒得横针不拈，竖线不动。一般也不是我的私活烦你，横竖都是他的，你都不肯做。怎么我去了几天，你病得七死八活，一夜连命也不顾给他做了出来，这又是什么缘故？你到底说话，别只佯憨，和我笑，也当不了什么。"这些话，袭人平常是不会说的，今儿一说出来，说得晴雯也心虚，只管看着他憨笑。

话说到这份上，晴雯就该有所警惕才是，袭人不是那拿针戳一下也不知道"哎哟"一声的木头，真懦弱和假隐忍有着本质区别。到了夜间袭人正说怡红院的丫头们凑份

160

子给宝玉过生日，宝玉听了，喜得忙说："他们是那里的钱，不该叫他们出才是。"晴雯道："他们没钱，难道我们是有钱的！这原是各人的心。哪怕他偷的呢，只管领他们的情就是。"宝玉听了，笑说："你说的是。"袭人笑道："你一天不挨他两句硬话村你，你再过不去。"晴雯笑道："你如今也学坏了，专会架桥拨火儿。"

到这里，就该知道假病猫如今开始反扑了。可惜晴雯到死，都以为自己是因为蒙了那个虚名，其实王夫人不是在乎儿子跟丫头有一腿，她是不愿意跟儿子有一腿的是个牙尖嘴利的风流小丫头而已。所以晴雯越是在袭人面前逗她的口舌，也就死得越快。

这年头，聪明人遍地都是，可是谁也不愿意把聪明精干写在脸上招摇过市。傻乎乎好说话的人也很多，只不过是真假难辨罢了。也许我们不论见了真假病猫，一律作揖打拱，恭敬让路，惹不起躲得起才是明哲保身之计。

找一个带头大哥

十几年前，还有这样一种说法，学理的走天下，学文的坐天下，好像是说学理科就是技术员，要下工厂动家伙的，辛苦；学文科就是坐办公室，喝茶看报纸，管人，是个轻闲又体面的活。这种错误观念当然早已经大大过时了，我的朋友老曹，学机械制造的硕士，可是一天工厂也没下过，甚至也没正经制造过什么，大学出来就作甲方，手底下忽悠着几个喽啰，吃香的喝辣的，过了几年舒心的日子。

不过最近老曹突然有些忧伤，没事就对着镜子长吁短叹，说年近四十，早生华发，壮志未酬，却不知如何是好。大家都笑他，说男人三十几岁，不管是想再婚还是想再创业，都是大好年华，哪来这么多感叹。他却说虽说是作甲方，也不过是甲方代表，认识的也不过是些乙方代表，大家一起吃得肚满肠肥，功夫也荒废了。更悲惨的是，没能认一个带头大哥，自己贸然出来单干，没有大哥的指引和扶持，总是没有底气。

细想想，老曹还是有水平，这话说得人有些茅塞顿开的感觉。

带头大哥不同于老板，老板是给你发工资，养活妻儿老小的那个人，你大可以将他看作是定期提款机一般；带头大哥就不一样，他是一盏指路明灯，是学习的榜样，是一起风里来雨里去的人。这个人很重要，也很危险，因为一旦认错大哥，结果就是一起到雁门关劈错了人，大家战战兢兢夹起尾巴做人，30年也难逃一死的厄运。

贾芸一直都明白作人一生总要认个带头大哥的道理，不过他走了两次弯路。他首先认的是贾琏，看似没错，贾琏夫妇管着贾府的内外杂事，看起来也是个精明强干的样子，认了他，混个差事总是容易的。可惜求了他两三遭了，总没个下文。后来机缘巧合，他在门口撞上了宝玉这个贾府的命根子，宝玉看时，只见这人容长脸，长挑身材，年纪只好十八九岁，生得着实斯文清秀，倒也十分面善，只是想不起是那一房的，叫什么名字。贾芸笑："你怎么发呆，连他也不认得？他是后廊上住的五嫂子的儿子芸儿。"宝玉笑道："是了，是了，我怎么就忘了。"因问他母亲好，这会子什么勾当。贾芸指贾琏道："找二叔说句话。"宝玉笑道："你倒比先越发出挑了，倒像我的儿子。"贾琏笑道："好不害臊！人家比你大四五岁呢，就替你做儿子了？"宝玉笑道："你今年十几岁了？"贾芸道："十八岁。"

原来这贾芸最伶俐乖觉，听宝玉这样说，便笑道："俗语说的，'摇车里的爷爷，拄拐的孙孙'。虽然岁数大，山高高不过太阳。只从我父亲没了，这几年也无人照管教导。如若宝叔不嫌侄儿蠢笨，认作儿子，就是我的造化了。"贾琏笑道："你听见了？认儿子不是好开交的呢。"说着就进去了。宝玉笑道："明儿你闲了，只管来找我。"

富贵闲公子跟他胡乱说笑了两句，他倒伶俐知道顺竿子爬。只是宝玉万事不管，吃饱了饭就知道在丫头堆里调笑，就算正经认了他作干爹，不过教你做诗画画，说到谋差事，只怕宝玉干爹会翻脸。更何况，贾芸上书房等了他一天，除了瞅空溜见了小红一眼外，一点着数也没有，好容易进了趟怡红院，那宝玉便和他说些没要紧的话。又说道谁家的戏子好，谁家的花园好，又告诉他谁家的丫头标致，谁家的酒席丰盛，又是谁家有奇货，又是谁家有异物，那贾芸口里只得顺着他说。这个大哥，不认也罢。

贾芸痛定思痛，终于开窍了，认大哥，就要认一个有真本事的。若说管事，凤姐和贾琏都管，为什么跟贾琏求差事，他只会说等着，有事了找你。跟凤姐谋差事，没差事人家却会创造差事出来，贾芹那个管小和尚小道士的活，不就是凤姐脑瓜子一转转出来的吗？没这点本事，就不配做人家带头大哥。

鸡蛋碰石头

记得有一段时间，我们部门对新指派的上司很不服，他还没走马上任，我们就都拿出当年父母作"红卫兵"时斗私批修的劲头，将该上司所有老底全都翻查出来，好的说成坏的，坏的说成更坏的，越说越群情激愤，越觉得咽不下这口气。

于是我们几个年轻人连夜制订行动计划，商量要给他来一个下马威。一方面在部门内部实行"非暴力不合作运动"，但凡领导吩咐的事情，或拖延或搞砸，让他难受；另一方面在部门外部实行舆论包围攻击，甚至想到一个主意，去网站论坛上抖出他的"臭史"，再转贴回公司内部网站。几个人商量到兴奋得不得了，又恨不得新领导赶快上任，我们也好赶快尝一尝"手刃仇敌"的快感。

不过同事老陈却看着我们直摇头，虽然我们一直指望老陈会成为我们反新上司行动的中坚力量，因为他一直在部门备受冷遇，从来升职无望，跟我们这些毕业一两年的人平级，离退休又还有很长的距离，这样的日子，我们都替他难熬。可是老陈却忧伤地看着我们说："没用的，瞎折腾，到头来害了自己。"当然，最后证明老陈是对的，在大老板的鼎力支持下，新上司对我们的小打小闹简直不屑一顾，我们的"非暴力不抵抗运动"以一败涂地告终，大家最后灰溜溜地向新上司道歉，对他的不计前嫌感激涕零。

事后老陈告诉我们，以他几十年的从业经验——新上司从来都不怕下属跟他作对，有大老板撑腰，新上司定然所向披靡，无所畏惧。上司怕的是老板不支持他。

姜总是老的辣，我们从此对老陈也多了一份尊敬。说起来，我们就好比那吴新登的媳妇，吴新登的媳妇进来回说："赵姨娘的兄弟赵国基昨日死了。昨日回过太太，太太说知道了，叫回姑娘、奶奶来。"说毕，便垂手旁侍，再不言语。彼时来回话者不少，都打听他二人办事如何：若办得妥当，大家则安个畏惧之心，若少有嫌隙不当之处，不但不畏伏，出二门还要编出许多笑话来取笑。吴新登的媳妇心中已有主意，若是凤姐前，她便早已献勤说出许多主意，又查出许多旧例来任凤姐拣择施行。如今他藐视李纨老实，探春是年轻姑娘，所以只说出这一句话来，试他二人有何主见。探春问她话，她也推说忘了，要现查旧账，摆明了也是个不合作的。

探春是个新上台的上司，不好扯下脸来，便笑里藏刀道："你办事办老了的，还记不得，倒来难我们。你素日回你二奶奶也现查去？若有这道理，凤姐姐还不算利害，也就是算宽厚了！还不快找了来我瞧。再迟一日，不说你们粗心，反像我们没主意了。"吴新登家的满面通红，忙转身出来。众媳妇们都伸舌头。

最主要的是凤姐派了心腹平儿来演戏，骂了媳妇们一顿，说你们只管撒野，等奶奶大安了，咱们再说。又声明只要探春想做的，只管煞了凤姐的面子放手干去。探春也会顺竿爬，当真当场就拿平儿开刀，让她去叫人给宝钗送饭来。平儿平时哪里是做这些跑腿的活儿的人，这次算是给足了探春面子，忙答应了出来，在树荫底下给众媳妇们做了次思想工作："你们太闹的不像了。他是个姑娘家，不肯发威动怒，这是他尊重，你们就藐视欺负他。果然招他动了大气，不过说他个粗糙就完了，你们就现吃不了的亏。他撒个娇儿，太太也得让他一二分，二奶奶也不敢怎样。你们就这么大胆子小看他，可是鸡蛋往石头上碰。你们素日那眼里没人，心术利害，我这几年难道还不知道？二奶奶若是略差一点儿的，早被你们这些奶奶治倒了。饶这么着，得一点空儿，还要难他一难，好几次没落了你们的口声。众人都道他厉害，你们都怕他，惟我知道他心里也就不算不怕你们呢。前儿我们还议论到这里，再不能依头顺尾，必有两场气生。那三姑娘虽是个姑娘，你们都横看了他。二奶奶这些大姑子、小姑子里头，也就只单畏他五分。你们这会子倒不把他放在眼里了。"

看完这段话，忍不住再出一身冷汗，决定再次感谢上司后来竟然没给我们小鞋穿，让我们这些没脑子乱搞事的"鸡蛋"，居然得以保全。

使小巧借刀炒人

我小时候，虽然已经赶上了改革开放，但是家里还遗留了很多那之前的"小人书"，忍不住拿来看，不知不觉地就受了一番阶级斗争的启蒙教育。现在想起那些故事，觉得很有趣，那时候的地主老财虽然坏，但是坏得很浅薄、很表面、很赤裸裸，像半夜三更学鸡叫这样的举动，简直就是唯恐日后被批斗的时候贫下中农们找不到他的罪状而主动献身一般。比较起来，现在老板们的手段就高明了许多。

听说这是一个真实的故事，某老板与某员工关系极其不好，简直就是水火不容。老板一心想铲除他，员工也见了老板就要喝静心口服液，两个人针尖对麦芒，耗上了。老板不愿意炒掉他，因为不想让该员工离开公司还拿走一笔违约金，员工自然也不愿意自动辞职，让老板遂了心愿，还要交笔钱给老板。两个人于是日日争斗，鸡犬不宁，但是僵局始终无法打破。最后还是无良老板棋高一着，他终于想出了一个妙计。

老板要求该员工每日向他的一个下属汇报工作，员工这下终于崩溃了。世界上哪有上司向自己手下汇报工作的道理？但是老板此令一出，昭告全公司，所有人窃窃私语都在耻笑员工，他实在是觉得面子上下不来，再耗下去，也是自取其辱，于是心甘情愿补了一笔钱给老板，走人了事，老板不费分文，大获全胜。

员工坚持了这么久，为什么最后依然败北？说起来全因两个字——"面子"。赵姨娘很疼她女儿，而且女儿未出阁竟然当了贾府的家，说起来多有面子，可是她为什么还要找上门去吵闹，让女儿烦心呢？也是因为女儿所做，伤了她的面子，她就咽不下这口气了。

赵姨娘的兄弟没了，要贾府赏银，李纨便说，袭人的妈刚死了，赏了四十两，也一样赏四十两吧。探春偏不答应，还翻出旧账本来对，非只给二十两。赵姨娘是半个主子，袭人是个还没过明路的丫头，就算过了明路，也不过是个姨娘，两下相比，赵姨娘这口气如何咽得下？赵姨娘于是就打上门来哭闹："我这屋里熬油似的熬了这么大年纪，又有你和你兄弟，这会子连袭人都不如了，我还有什么脸？连你也没脸面，别说我了！"探春笑道："原来为这个。我说我并不敢犯法违理。"一面便坐了，拿账翻与赵姨娘看，又念与他听，又说道："这是祖宗手里旧规矩，人人都依着，偏我改了不成？也不但袭人，将来环儿收了外头的，自然也是同袭人一样。这原不是什么争大争小的事，讲不到有脸没脸的话上。他是太太的奴才，我是按着旧规矩办。说办得好，领祖宗的恩典，太太的恩典，若说办得不均，那是他糊涂不知福，也只好凭他抱怨去。太太连房子赏了人，我有什么有脸之处，一文不赏，我也没什么没脸之处。依我说，太太不在家，姨娘安静些养神罢了，何苦只要操心。太太满心疼我，因姨娘每每生事，几次寒心。我但凡是个男人，可以出得去，我必早走了，立一番事业，那时自有我一番道理。偏我是女孩儿家，一句多话也没有我乱说的。太太满心里都知道。如今因看重我，才叫我照管家务，还没有做一件好事，姨娘倒先来作践我。倘或太太知道了，怕我为难不叫我管，那才正经没脸，连姨娘也真没脸！"一面说，一面不禁滚下泪来。

赵姨娘没了别话答对，便说道："太太疼你，你越发拉扯拉扯我们。你只顾讨太太的疼，就把我们忘了。"探春道："我怎么忘了？叫我怎么拉扯？这也问你们各人，哪一个主子不疼出力得用的人？哪一个好人用人拉扯的？"李纨在旁只管劝说："姨娘别生气。也怨不得姑娘，他满心里要拉扯，口里怎么说的出来。"探春忙道："这大嫂子也糊涂了。我拉扯谁？谁家姑娘们拉扯奴才了？他们的好歹，你们该知道，与我什么相干。"赵姨娘气地问道："谁叫你拉扯别人去了？你不当家我也不来问你。你如今现说一是一，说二是二。如今你舅舅死了，你多给了二三十两银子，难道太太就不依你？分明太太是好太太，都是你们尖酸刻薄，可惜太太有恩无处使。姑娘放心，这也使不着你的银子。明儿等出了阁，我还想你额外照看赵家呢。如今没有长羽毛，就忘了根本，只拣高枝儿飞去了！"探春没听完，已气得脸白气噎，抽抽咽咽的一面哭，一面问道："谁是我舅舅？我舅舅年下才升了九省检点，那里又跑出一个舅舅来？我倒索习按理尊敬，越发敬出这些亲戚来了。"

赵姨娘原以为自己找了一个不败之地，探春死了的是她舅舅，她没面子就是探春没面子。谁承想探春做了老板，已经被投资方洗了脑，于是哭得比她还冤，在她眼里，没有母亲和舅舅，只有主子和奴才的关系，外甥女必定要拉扯舅舅，主子却没有拉扯奴才的。外甥女不拉扯舅舅是个没面子的事，主子拉扯了奴才却更没面子，赵姨娘于是一败涂地。

其实赵姨娘闹的不是完全无理，平儿也说了，常例是给二十两，但是也是有旧例的，尊哪个例，其实只是看哪样对小老板探春自己有利。

至于把这个自认为是主子的当家小姐探春归到锦衣卫中来，必定有许多人觉得不妥。但是我却认为探春身为锦衣卫的女儿，为了一己私利，反了锦衣卫，投奔到统治阶级的阵营，忘却人伦，如此对待亲生母亲，彻底站到了人民的对立面，可见龙生龙，凤生凤，锦衣卫生出一个超级锦衣卫。

一讲钱就俗了

我认识一个朋友，长的真是英俊，并且颇有才气，嘴上、笔上都是来得的，这样的男人现在已经算是难得的，因此在女孩子中颇受欢迎，他也乐得左拥右抱，醉入花丛流连忘返。但是他有一个缺点，就是小气，不爱花钱，我们经常看着他感叹，说如今的小姑娘们也是看得开，为了他这副臭皮囊，倒贴都愿意了。他就哈哈大笑，说看在老友的面子上，传授一点经验。原来他百战百胜的一招是"别讲钱，讲钱就俗了。"此话一出，女孩子们心甘情愿跟他三伏天在街边吃大排档，下雨天挤公共汽车，号称是荣辱与共，场面浪漫得不得了。

现在的小资女们都这样，唯恐自己露出一点庸俗的本性就让人小瞧了。在她们看来，如果提出对方出钱替自己买账，那就太不入流了，并且会伤害到彼此的感情。举个例子，小资女探春一个月存了十来吊钱，叫哥哥贾宝玉得闲的时候出去替她带些轻巧、新奇的玩意儿进来玩，兄妹俩就扯起了家常。宝玉说："上次你给我做的鞋子，你妈知道了唠叨生气，说你不给自己兄弟做。"探春一听就火了，连宝玉都埋怨上了："连你也糊涂了！他那想头自然是有的，不过是那阴微鄙贱的见识。他只管这么想，我只管认得老爷，太太两个人，别人我一概不管。"

说起赵姨娘，探春的话就多了，于是又说："还有笑话呢：就是上回我给你那钱，替我带那玩的东西。过了两天，他见了我，也是说没钱使，怎么难，我也不理论。谁知后来丫头们出去了，他就抱怨起来，说我攒的钱为什么给你使，倒不给环儿使呢。我听见这话，又好笑又好气，我就出来往太太跟前去了。"看看，一提到钱，母女感情都能伤害到，可见讲钱真是个俗事儿。

不过我倒觉得若说赵姨娘管探春要钱伤了感情，原因还是在于这两人之间本来就无甚感情，对探春而言，恐怕赵姨娘就算死在她眼前，她潜意识里还是会有一点松了口气的快感。倘若换一个人，探春觉得她是可敬的，可爱的，或是有用的，便一定会让她如愿了吧。

可见一个人谈不谈钱，出不出钱，不在于钱是不是个俗事儿，而在于他认为你值不值得谈钱，值不值得他为你出钱。有员工不逮着机会跟老板谈加薪的吗？这个时候如果老板坐下来，送上香茶一杯，语重心长同你说，咱们不要谈钱，谈钱多俗。咱们做这个，就是为了理想。这个时候，你大可以甩门出去，趁早不要在他的"理想"上耗费你的青春。

雪中送炭和锦上添花

为人做事，难免有时候给人雪中送炭，有时候被人拿来锦上添花，但是到底哪个容易些呢？有前辈说，雪中送炭好容易，恻隐之心人皆有之，现在丰衣足食，一帆风顺的人，绝对有心情有能力做雪中送炭之举，以便衬托出自己的幸福和修养，只怕有这样的机会，更是人人抢着去做呢。现在报纸上说的那些明星动辄拿着七位数的酬劳，拔根寒毛捐个几千几万元的出来作慈善，如此的雪中送炭，不是很容易吗？

可是锦上添花就不容易了，别人是锦你是花，在竞争这么激烈的社会里，人比人能比死人，心甘情愿承认自己不如他人，更要为他人的成就鼓掌作点缀，这可是需要何等的胸襟才承受得起啊。

初看这段话，觉得甚有道理。我们受了多年的教育，大多知道落井下石是为人不齿的恶行，所以看别人落难就算不送炭，也会袖手旁观，很少上去踹上一脚。但是要心悦诚服地欣赏他人的成就，压抑住鼻孔里喷薄欲出的那股冷笑，却需要登峰造极的修养境界。后来我发现有一个人竟然将雪中送炭和锦上添花的两项技巧都炼至炉火纯青的地步，这个人，当然就是我的偶像王熙凤。

王熙凤锦上添花的本事实在用不着我多说，只要有她跟老太太同时出场的情节，总能找到可以拍马屁的机会。

夸林黛玉通身的气派好，不像外孙女倒像亲孙女，打牌故意放牌给老太太，输了钱又假装心痛之类的倒也罢了，都是寻常的桥段，电视电影里都用烂了的。我倒是记得吃螃蟹那回，老太太跟薛姨妈说：" 我先小时，家里也有这么一个亭子，叫做什么'枕霞阁'。我那时也只像他们这么大年纪， 同姊妹们天天玩去。那日谁知我失了脚掉下去，几乎没淹死，好容易救了上来，到底被那木钉把头碰破了。如今这鬓角上那指头顶大一块窝儿就是那残破了。众人都怕经了水，又怕冒了风，都说活不得了，谁知竟好了。"凤姐不等人说，先笑道："那时要活不得，如今这大福可叫谁享呢！可知老祖宗从小儿的福寿就不小，神差鬼使碰出那个窝儿来，好盛福寿的。寿星老儿头上原是一个窝儿，因为万福万寿盛满了，所以倒凸高出些来了。"脑袋上摔个坑，她都能想出一篇话讲，不得不佩服。

不过她拍老太太的马屁，万变不离其宗，来回来去都是说老太太英明神武，任她凤姐如何灵巧机变，总胜不过老太太去。就连老太太调教来的丫头，也都跟水葱似的，而她，不过是烧糊了的卷子罢了。反正这些话全都长在她嘴边，随摘随用，按需供给，永不落空。

但是真正让我对凤姐萌生好感的，却是那次王善保家的逮着机会，猛踩晴雯，说太太不知道，一个宝玉屋里的晴雯，那丫头仗着她生的模样儿比别人标致些，又生了一张巧嘴，天天打扮的像个西施的样子，在人跟前能说惯道，掐尖要强。一句话不投机，她就立起两个骚眼睛来骂人。王夫人听了这话，猛然触动往事，便问凤姐道："上次我们跟了老太太进园逛去，有一个水蛇腰，削肩膀，眉眼又有些像你林妹妹的，正在那里骂小丫头。我的心里很看不上那狂样子，因同老太太走，我不曾说得。后来要问是谁，又偏忘了。今日对了坎儿，这丫头想必就是他了。"凤姐道："若论这些丫头们，共总比起来，都没晴雯生得好。论举止言语，他原有些轻薄。方才太太说的倒很像他，我也忘了那日的事，不敢乱说。"凤姐平日跟晴雯并不熟络，我印象里就没见过她们说上过一句话，此刻王夫人震怒之下并不落井下石，只轻描淡写回了两句，便该给她加一点分了。

另一件，一般人只记得邢岫烟要省下月钱给父母，当了棉衣让宝钗赎回来之事。却经常忘了，书中提到一句说，从此后若邢岫烟家去住的日期不算，若在大观园住到一个月，凤姐亦照迎春的分例送一分与岫烟。凤姐冷眼看岫烟心性为人，竟不像邢夫人及他的父母一样，却是温厚可疼的人。因此凤姐又怜他家贫命苦，比别的姊妹多疼他些。若没有凤姐送给她的一份月钱，还更不知道岫烟的日子怎么过，这份人情，倒也当得上是雪中送炭了。突然又觉得，就算有钱，还当真不是人人都有这份心的，邢夫人、王夫人，怎么就从来没有做过？这些人，都算不上传统意义上的好人，而是专会作怪搞事的妖人，但是我要说，妖人只要有了一点雪中送炭的心，她也就不是妖了。

我也多么渴望有这样一位上司，对上锦上添花，对下雪中送炭，这样的职场人生，堪称完美。

求人的学问

　　我有一个不知道什么时候什么场合认识的朋友，平时也不算太说得来，既然玩不到一起去，自然联系也就少。我这个人，是不太懂得跟人保持联系维持朋友关系的，不过他倒是有心，隔上一年半载就会给我打个电话叙叙旧，约个时间吃顿饭什么的。

　　慢慢的，我就发现了一个规律，他平常也想不起我来，但是只要他给我打过叙旧电话，过了一个星期或者半个月，准会趁着上次叙旧的余热，要我帮忙做点什么事。试过了几回，我就忍不住跟他说，做人不要这么虚伪，既然都说是朋友了，我又不是什么厉害人物，能帮的忙也是小忙，当然就更不是日理万机多忘事的贵人。有事找我，开门见山不是更好？何苦要做足功课，真是小看了我的为人了。

　　朋友叹了口气，说我才是小看了他的这个习惯，这可是血泪换来的铁的教训，生意场上的金科玉律。据他说当年他也跟我一样，有事就打电话，无事就不登三宝殿，于是人人说他势利，只会利用别人，再不肯帮他的忙。我说："那你提前一星期联络感情，目的还不是为了让人办事，这样就不势利了吗？换汤不换药，你当世人是傻子。"

176

　　朋友见我不屑，投我所好道："我这招还是某日看《红楼梦》悟出来的呢。"我听了忙叫他快说。他便说道，那日大家伙儿在怡红院说笑，凤姐道："前儿我打发了丫头送了两瓶茶叶去，你往那去了？"林黛玉笑道："哦，可是倒忘了，多谢多谢。"凤姐又道："你尝了可还好不好？"没有说完，宝玉便说道："论理可倒罢了，只是我说不大甚好，也不知别人尝着怎么样。"宝钗道："味倒轻，只是颜色不大好些。"凤姐道："那是暹罗进贡来的。我尝着也没什么趣儿，还不如我每日吃的呢。"林黛玉道："我吃着好，不知你们的脾胃是怎样？"宝玉道："你果然爱吃，把我这个也拿了去吃吧。"凤姐笑道："你要爱吃，我那里还有呢。"林黛玉道："果真的，我就打发丫头取去了。"凤姐道："不用取去，我打发人送来就是了。我明儿还有一件事求你，一同打发人送来。"

　　林黛玉听了笑道："你们听听，这是吃了他们家一点子茶叶，就来使唤人了。"凤姐笑道："倒求你，你倒说这些闲话，吃茶吃水的。你既吃了我们家的茶，怎么还不给我们家作媳妇？"想想若不是凤姐有先见之明，便贸然叫她做事，岂不更得罪了她了？又或者，黛玉有一点不愿意，只推说身上不好，懒怠动，也就推得干净，谁也拿她没辙。

　　我说你这也太上纲上线了，人家玩笑的话你也当真。林黛玉在人家家里住着，虽然老太太宠她，也不至于这样不近人情，凤姐求她一点事，就要拿茶叶来换，品格也太低了吧。朋友冷笑说："人的心理可难说得很。你就敢保证，如果没有那点子茶叶，林黛玉心里不会暗地埋怨凤姐拿她当丫鬟使？再说了，通篇看下来，林妹妹除了替贾宝玉做作业，写了几十篇字，还做了几个做完了又剪掉的香袋之外，还替别人做过一点事吗？再说现在的人，斤斤计较，小肚鸡肠更胜过林妹妹百倍，万事能在面子上做得好看一些，办事顺利一些就好，难道你真的要为了证明自己不虚伪，跟自己为难吗？"

我听了无话可说，朋友便趁机劝我，对用得着的人，还是有事没事多打电话，日后求人也好开口些。

第五章

做人丫头真辛苦

人生不如意

我说我不喜欢晴雯，但不妨碍包括我自己在内的人民群众为晴雯的悲惨命运掬一把同情泪，深究原因，大概是同病相怜，兔死狐悲吧！晴雯为什么混得这么惨？书中对她的判词是这样的，只见这首页上画着一幅画，又非人物，也无山水，不过是水墨浸染的满纸乌云浊雾而已。后有几行字迹，写的是：

霁月难逢，彩云易散。心比天高，身为下贱。

风流灵巧招人怨。寿夭多因毁谤生，多情公子空牵念。

简单地说，晴雯的悲剧根源在于小姐的心、丫鬟的命，偏偏又不服从命运的安排，强要和自己的人生作对，最后死得很难看。她这样生下来就是丫鬟命的，也就罢了，可怜我们这些人，都是生来以为自己是小姐命，从小父母、亲友呵护备至，顺顺当当、心无旁骛地念书，在校园里风光霁月，就算别人不宠着自己，自己宠自己跟个公主似的。谁知道一出校园，除了能在家里跟父母要要小姐脾气过过瘾之外，所有的人竟都拿自己当丫鬟使，这口气，怎么咽得下去？

于是难免觉得这个世界就如同那水墨浸染的满纸乌云

浊雾一般，人人都对不起自己，没有给自己足够的尊重。

　　做人丫头是很艰难，看人脸色是不好受，可是如果不做丫头，你还能做什么呢？

　　上大学的时候，我很小资，经常学林妹妹，幽幽地叹口气，说一些莫名其妙的话，最常说的一段就是："生活就是一团欲望，不满足便痛苦，满足了就无聊。人生就在无聊和痛苦之间摇摆。"话是名言，是人生至理，可是我现在回想起来，那时候最大的苦恼，也不外乎就是找个靓仔，又担心他就仗着自己靓对我不好；而找个对我好的，又嫌弃他不够靓，挎着走在大街上没面子。这点小心思，现在想来，倒有些甜蜜天真。

　　工作之后，欲望也不太放在心上了。天天奔忙打拼，一心打造一个社会新鲜人的励志形象，可惜就像我当时的口头禅，"人生不如意，十之八九。"那时候才明白——做事同做学问不一样，并不是付出多少就能收回多少的，七分靠打拼，还有三分天注定。

　　我现在是没什么口头禅了，不过一个比我大五六岁的朋友，倒是经常说一句话："No Interest（没兴趣）。"虽然有时候觉得她闷，不过能对啥都没兴趣，也算是修炼到了无欲无求的最高境界，想来也是幸福的吧。

　　我辈无能，只能有欲有求，于是就难免不如意。心理医生时常劝我们，不如意时要懂得释放情绪，否则积压在心中，难免对身体不好。如何释放？医生们却很不负责任地说，这个要因人而异，每个人的方法都不一样。因此有的人选择狂吃雪糕；有的选择独捧金樽空对月，喝到烂醉。这些看似潇洒，实则不够健康环保，我不提倡。有人选择Shopping（购物），血拼①之后身心俱疲，忘记烦恼，钱包空空，不过事后想来却通常会后悔。

晴雯的脾气，在《红楼梦》的丫头里算不多见的暴躁，不过在现代女性中，有这样一点就着的脾气的人，却不在少数。想想也是，晴雯的相貌很漂亮，削肩膀，水蛇腰，眉眼像极了林妹妹，她还很能干，心灵手巧，生病了补出的雀金裘还能天衣无缝，一点破绽没有，连睡觉她都比别人警醒些，所以宝玉睡觉都得她睡在外床服侍，才算妥帖。这样一个"人尖子"，在怡红院竟然处处居于人下，被袭人压制不说，宝玉竟然因为她跌了扇子，就给脸色看。宝玉对晴雯一顿批评了之后，袭人在那边早已听见，忙赶过来向宝玉道："好好的，又怎么了？可是我说的'一时我不到，就有事故儿'。"晴雯听了冷笑道："姐姐既会说，就该早来，也省了爷生气。自古以来，就是你一个人服侍爷的，我们原没服侍过。因为你服侍得好，昨日才挨窝心脚，我们不会服侍的，到明儿还不知是个什么罪呢！"袭人听了这话，又是恼，又是愧，待要说几句话，又见宝玉已经气得黄了脸，少不得自己忍了性子，推晴雯道："好妹妹，你出去逛逛，原是我们的不是。"晴雯听他说"我们"两个字，自然是他和宝玉了，不觉又添了酸意，冷笑几声，道："我倒不知道

---

① 英文Shopping的谐音，逛街购物的意思。

你们是谁，别教我替你们害臊了！便是你们鬼鬼祟祟干的那事儿，也瞒不过我去，那里就称起'我们'来了。明公正道，连个姑娘还没挣上去呢，也不过和我似的，那里就称上'我们'了！"

袭人羞得没话说，宝玉偏站出来说你别不服气，明儿我就抬举他给你看，还说立马就回太太去，要炒了她的鱿鱼。这还没完，林妹妹凑巧走了进来，拍着袭人的肩，笑道："好嫂子，你告诉我。必定是你两个拌了嘴了。告诉妹妹，替你们和劝和劝。"袭人推他道："林姑娘你闹什么？我们一个丫头，姑娘只是混说。"黛玉笑道："你说你是丫头，我只拿你当嫂子待。"

说到这里，我都快气死了，可是这事闹到这个地步，可不能再硬下去。晴雯也是个聪明的人，等宝玉晚上喝了酒回来，推她一下，她也就勉强撒了撒娇道："怪热的，拉拉扯扯作什么！叫人来看见像什么！我这身子也不配坐在这里。"宝玉笑道："你既知道不配，为什么睡着呢？"晴雯没的话，嗤的又笑了，说："你不来便使得，你来了就不配了。起来，让我洗澡去。袭人、麝月都洗了澡。我叫了他们来。"听这口气，上午闹得天翻地覆的那样就算揭过去了。当然宝玉是个好上司，给她圆了话头说："比如那扇子原是扇的，你要撕着玩也可以使得，只是不可生气时拿它出气。就如杯盘，原是盛东西的，你喜听那一声响，就故意的碎了也可以使得，只是别在生气时拿它出气。这就是爱物了。"晴雯听了，笑道："既这么说，你就拿了扇子来我撕。我最喜欢撕的。"宝玉听了，便笑着递与他。晴雯果然接过来，"嗤"地一声，撕了两半，接着"嗤——嗤——"又听几声。宝玉在旁笑着说："响得好，再撕响些！"撕了两把扇子泄愤，大家笑一笑，泯了恩仇，有多大不满，撕扇子也好，摔盘子也罢，撕完了摔完了，不过发泄一下内心的情绪，却未能改变生活分毫，日子还得继续过。

一入职场终生误

京城中藏龙卧虎，人杰地灵，且不说豪门贵胄，便是走街串巷的贩夫走卒，亦有不凡之人。今日单单要说的是名女子，名唤阿梅。阿梅原本是南方人，书香门第出身，读书自然是好的。高考得中，金榜题名，便来到京城求学。学成之时，大展奇才，压倒众人，踩过数千人的头顶，进了一家大公司做事。的确是少年得志，春风满面。不过岁月不饶人，一晃阿梅也年近30岁了。

不知为何，近日阿梅却有些不开心起来，夜夜流连夜店，买醉放纵，人也憔悴了许多。亲友们看不过去，纷纷说这阿梅想必是遇了什么不顺心的事，解脱不开，方有此举。我前去一问，阿梅便叹道，"并非有特意之事，只是一入职场终生误，今生只怕都解脱不开了。"

　　我探其缘由，阿梅道："这职场便是那雕梁画栋、钟鸣鼎食的荣国府，外人只看得林妹妹孤身投奔而来，从此锦衣玉食，却不知她不能说错一句话，不能行错一步路，当真是步步惊心，险象环生。我只恨自己一步踏错，进了这见不得人的去处。"

　　我便冷笑道："你只记得林妹妹进府时表了一次决心，道是不多说话，不多行路，你仔细看她，哪次说得少了？哪步路行得少了？平日里总是她看不惯人家的多，人家对不住她的少。你想学她，处处与人针锋相对，还能留一世一身清高自诩的名声，且先问问自己，外祖母是不是公司董事长吧。"

　　阿梅幽然道："这职场不是东风压倒了西风，就是西风压倒了东风。便纵有个作董事长的外祖母，也难免与人斗。有人的地方就有江湖，这话是不会错的。"

　　我笑道："且看你要做什么人了。正所谓无欲则刚，有欲方有冲突。你若只是赚钱买花戴，又何苦与人相争，受这个闲气呢？贾府谁不苦，老太太要维持两府的表面不倒下去，心里苦；凤丫头这个职业经理人前有狼后有虎，她天天提心吊胆得苦；鸳鸯这个董事长秘书，是各派争取对象，一碗水要端平了，也不容易；平儿作了总经理助理，左右逢源，八面玲珑，毕竟地位不如人，是个出气的包；怡红院那一众的丫头，若没存了个想做姨太太的心，也不至于死的死，散的散，没几个得了善终。贾府谁最清净？当是那一心好道，只爱烧丹炼汞，余者一概不在心上的贾敬了。只是，你守得住吗？"

阿梅低头寻思良久，缓缓道："正是。我总难免是不甘心的。"阿梅听我一番激励，回去之后，辗转反侧觉得我所言非虚，半夜起身点灯夜读《红楼梦》。读到妙处，击节拍案之余，按捺不住给我打电话："果然职场如战场，《红楼梦》全书尽是大小战役，各人为生计故各出奇招，精彩纷呈，乱花渐欲迷人眼啊。"

我听她说得有趣，便问她究竟今日有何领悟。她说道："虽说是场大战役，但你看各人的奋斗目标大不相同。比如王熙凤的奋斗目标自然是要做老太太，围着毯子在海棠花下斗骨牌，一边说一个成熟的企业，没有董事长的事无巨细，一样能运作得很好。孙媳妇在旁边恨得牙痒痒，还得赔笑给她放牌，才算是出了王经理人年轻时的一口恶气。至于袭人的奋斗目标，在这个时候不用端茶倒水，还能有个脚踏子坐着，时不时说句凑趣的话，博得老太太一笑就算挣足了面子了。所以，什么人做什么事，年轻的时候确定了目标，认清了方向，制定了战略，从此漫漫人生长路，就好倾尽全力，放手一搏了。"

我大笑道："你说得不错，只可惜了王熙凤模样极标致，言谈极爽利，心机又极深细，男人也万不及一的人物，却终究不是个作老太太当董事长的命。若说凤姐心中也未必不明白，未必当真就有作老太太的理想吧。"

阿梅奇道："她与老太太，隔过中间那些老僵尸一般的董事会成员，也就一步之遥了，以她的心比天高，岂能没有垂涎之心？"

我叹道："这可真算是人各有命了。想她的出身手段，哪样不比人强？公公贾赦亦是荣府长子，贾琏虽不长进，也是长孙，她一个长房长孙媳妇，管起家务，分明是名正言顺。可通篇看下来，却总觉着她不过替着老妖怪王夫人出头打人，一个悬空的宝二奶奶的位置也能压到她寝食难安，仿佛宝玉一有了媳妇，她手中的令牌便得限时交出。不忿也罢，委屈也罢，凤姐今生也就是个打工皇帝的命，老太太，她是挣不上的。她是个水晶心肝玻璃人，这一点我都能明白，她岂有不明白的？因此你仔细看去，她的作为，处处亦存了替人打工的心啊。"

阿梅细想了想，含笑道："果然不错。老太太攒了一辈子，也不过一万多银子的体己，她才扑通几年，便挣了七八万了。若说将来整个贾府都是她的，又何必急在一时敛财呢？"

我笑道："可不就是咱们之前说过的59岁危机嘛，看来真是古今同此一道啊。"

爱她，不要宠她

曾经看到这么一句话："七岁的时候，看着别人手上拿的包子直流口水，二十七岁的时候，看着别人胳膊上挎着的帅哥直流口水……"，真是说得我心有戚戚。不过最刺激我的，不是别人的帅哥，而是我一个朋友的帅哥带着一丝无奈的笑容对我说："她就是被我宠坏了。如果不是我修炼了几年，眼光中飞出去的刀估计比飞刀门的飞刀还杀人不见血。"

不过眼神我虽然控制住了，心理太过阴暗还是忍不住大放厥词。我问帅哥，你知道晴雯怎么死的吗？他睁大了眼睛，惊愕道："不是被袭人告密，王夫人赶出府去害死的吗？"我不怀好意地冷笑道："告诉你一个秘密，晴雯其实是被贾宝玉害死的。"

晴雯这个小姑娘长得好，又有性格，虽然有些欺下，但是从来不媚上，而且胜在性格直率，天真自然，所以直到现在还拥有很多粉丝。贾宝玉的确挺宠她的，她生气了就给她扇子撕，袭人不在家，晴雯就在熏笼上扮小姐不肯动，麝月说："你今儿别装小姐了，我劝你也动一动儿。"晴雯道："等你们都去尽了我再劝不迟。有你们一日，我且受用一日。"麝月笑道："好姐姐，我铺床，你把那穿衣镜的套子放下来，上头的划子划上，你的身量比我高些。"说着，便去与宝玉铺床。晴雯还是不肯动："人家才坐暖和了，你就来闹。"还是宝玉听见晴雯如此说，便自己起身出去，放下镜套，划上消息，进来笑道："你们暖和罢，都完了。"到半夜她又不规矩睡觉，要出去吓唬赏月的麝月，宝玉又怕她冻着，嚷嚷了一声把她叫了回来，谁承想还是病了，宝玉又是找医生，自己在屋里给她煎药吃……这哪里是个老板，男朋友服侍都没这么周到。

　　但是说句不得人心的话，晴雯这孩子本来脾气就大，再碰上这么一个娇纵她的主子，可真是有点纵坏了。宝玉跟袭人那档子事，全府上下谁不知道？上头都默许了的事，小丫头都知道说："袭人就算不尽心服侍，我们也没话说。"只有晴雯，动辄大呼小叫"你们那些装神弄鬼的事，打量我不知道呢？"得罪未来姨娘一个。宝钗去怡红院，晴雯和碧痕正吵着，忽见宝钗来了，那晴雯便把气移在宝钗身上，在院内抱怨说："有事没事跑了来坐着，叫我们三更半夜的不得睡觉！"黛玉后脚也去了，晴雯越发动了气，也并不问是谁，便说道："都睡下了，明儿再来！"林黛玉素知丫头们的情性，她们彼此玩耍惯了，恐怕院内的丫头没听真是她的声音，只当是别的丫头们来了，所以不开门，因而又高声说道："是我，还不开么？"晴雯偏生还没听出来，便使性子说道："凭你是谁，二爷吩咐的，一概不许放人进来呢！"她固然不是有意得罪两个宝二奶奶的候选人，但当差当到她这么情绪化，却实在不可取。

　　等到她病了，在园子里请医弄药，李纨就让老婆子传话："两剂药吃好了便罢，若不好时，还是出去为是。如今时气不好，恐沾带了别人事小，姑娘们的身子要紧的。"晴雯在里屋听了就生气，喊道："我哪里就害瘟病了，只怕过了人！我离了这里，看你们这一辈子都别头疼脑热的。"人多口杂的，一说出去，她又得罪现任大少奶奶一名。晴雯最后被王夫人雷霆一怒赶将出去，也是说她行为轻浮放肆，虽然是欲加之罪，但俗话说得好，可怜之人，必有可恨之处，晴雯平时的作为，也的确有可商榷之处。

不要说晴雯的性格本就如此，江山易改，本性难移之类的话，我就不信把这丫头放在凤姐或者宝钗院子里调教她三个月，她还敢如此生事？

所以我们不要一味责怪上司有诸多吹毛求疵的要求，人总是有些坏习惯的，若上司真的放任自流不加约束，那才真是害人不浅。

及鸟的爱屋

在北美发现一个有趣的现象，不知道是我孤陋寡闻，还是他们的习惯如此：他们电视上做广告的，很少有我认识的明星。不要说好莱坞的大牌电影明星，就是寻常在肥皂剧里搞事做怪的小明星，也难得一见。不像咱们中国，明星走红的程度，和他拍广告的多少成正比。对于明星来说，收到钱，又天天得以在电视上露个脸，何乐而不为？所以从汽车、电器到卫生巾、洗发水、瓜子、不孕不育医院，都要找个明星来代言。也许是因为中国人的性格比较容易爱屋及鸟，喜欢一个明星，就爱他的全部，爱他的经纪人，爱他的豪宅，爱他的司机，当然也爱他做的广告。

对人，更是如此。据王夫人说，林妹妹的母亲在未出阁时，无比娇生惯养，无比金尊玉贵，那才像个千金小姐的体统，跟她一比，现在这些姐妹们的待遇差远了，不过比人家的丫头略强些罢了。总共每人只有两三个丫头像个人样，余者纵有四五个小丫头子，竟是庙里的小鬼。可见老太太很爱她这个独生女，因为爱着女儿，所以爱着外孙女，林黛玉到贾府，起居饮食便一如宝玉，其他几个亲孙女倒靠后了。宝玉因为爱着黛玉，对她亲姐妹一般的紫鹃也就另眼看待，"若共你多情小姐同鸳帐，怎舍得叠被铺床？"这话可不能随便说说，说完了是要负责任的。

袭人若不是宝玉心里排得上的人物，她母亲病重要回家的时候，凤姐听了王夫人的吩咐要酌情办理，回头便吩咐周瑞家的："再将跟着出门的媳妇传一个，你两个人，再带两个小丫头，跟了袭人去。外头派四个有年纪跟车的。要一辆大车，你们带着坐，要一辆小车，给丫头们坐。"周瑞家的答应了，才要去，凤姐又道："那袭人是个省事的，你告诉他说我的话：叫他穿几件颜色好的衣服，大大的包一包袱衣裳拿着，包袱也要好好的，手炉也要拿好的。临走时，叫他先来我瞧瞧。"

半日，果见袭人穿戴来了，两个丫头与周瑞家的拿着手炉与衣包。凤姐看袭人头上戴着几枝金钗珠钏，倒华丽，又看身上穿着桃红百子刻丝银鼠袄子，葱绿盘金彩绣绵裙，外面穿着青缎灰鼠褂。凤姐笑道："这三件衣裳都是太太的，赏了你倒是好的，但只这褂子太素了些，如今穿着也冷，你该穿一件大毛的。"袭人笑道："太太就只给了这灰鼠的，还有一件银鼠的。说赶年下再给大毛的，还没有得呢。"凤姐笑道："我倒有一件大毛的，我嫌凤毛儿出不好了，正要改去。也罢，先给你穿去吧。等年下太太给作的时节我再作吧，只当你还我一样。"众人都笑道："奶奶惯会说这话。成年家大手大脚的替太太不知背地里赔垫了多少东西，真正的赔的是说不出来，那里又和太太算去？偏这会子又说这小气话取笑儿。"凤姐笑道："太太哪里想得到这些？究竟这又不是正经事，再不照管，也是大家的体面。说不得我自己吃些亏，把众人打扮体统了，宁可我得个好名也罢了。一个一个像'烧糊了的卷子'似的，人先笑话我当家倒把人弄出个花子来。"众人听了，都叹说："谁似奶奶这样圣明！在上体贴太太，在下又疼顾下人。"一面说，一面只见凤姐命平儿将昨日那件石青刻丝八团天马皮褂子拿出来，与了袭人。

　　连打包衣服的包袱都不放过，看袭人只拿了一个弹墨花绫水红绸里的夹包袱，里面只包着两件半旧棉袄与皮褂。凤姐又命平儿把一个玉色绸里的哆罗呢的包袱拿出来，又命包上一件雪褂子。又多包了个半旧的大红猩猩毡雪褂子，又嘱咐袭人道："你妈若好了就罢，若不中用了，只管住下，打发人来回我，我再另打发人给你送铺盖去。可别使人家的铺盖和梳头的家伙。"又吩咐周瑞家的道："你们自然也知道这里的规矩的，也不用我嘱咐了。"才算打扮齐整了送出门去。这架势，看得我直流口水，哪里像是一个丫头出门，等闲人家里的太太、小姐也没这般威风。

小丫头们骂人，喜欢说人家拣着高枝儿飞去了，可是一样都是出来打工领份月钱，你是宝玉院里的就个个人模狗样，我蹲在贾环院里，这些东西别说摸不着，便是远远地瞧一眼，也是不得，到底谁又比谁强多少呢？

所以，拣高枝儿飞，奔爱屋里去，才是人往高处走的明智之举。

陪跑直到花事了

我小时候最怕体育课跑800米，看到跑道就脚软，老师一吹哨，我就主动排到最后一个，越跑越慢，等到所有人都跑完了，我还一个人吭哧吭哧在那儿绕圈现眼。我那时候学习成绩在班上数一数二，就体育不行，其实也不是体育不行，就跑步不行，其实也不是跑步不行，就是超过了400米就不行，结果就当不了三好学生。老爸跟老师都特着急，就给我出主意说，不要一开始就心虚，主动跑到最后是没有志气的表现，要一开始就往前冲，跟着第一跑，就算慢慢往下掉，也不至于慢到这样离谱。

我犹犹豫豫地就去了，随着裁判一声哨响，800米考试开始了。我眼一闭，心一横，也没给同学们让道，率先就冲出去了。一看前面没人，心想坏了，老爸可是让我跟着第一跑，没让我跑第一啊。于是又慢了几步，让过了一两个，跟在他们后面慢悠悠地往前晃——竟然没有被拉下。我越跑越惊讶，操场旁边的同学们都忍不住鼓噪起来，大声质疑我是不是吃了牛肉了。那次考试的结果是，我竟然最后甩开步子甩下了所有人（偷偷坦白一句，我们考试是5个人一组跑的），跑了个第一。后来想了很久想不明白道理，最后以我寒碜的物理知识，我觉得是因为跟得近，前面的人帮我挡住了风，所以我阻力小。

我这个理论后来一直没有空拿去请教我的物理老师，当然我也不想毕业这么多年以后再去气他一次。不过这个理论在我日后的学习和工作生涯，以及看电视、电影的生涯中，多次被证明是正确的。

比如说怡红院的丫头们，大大小小，有名有姓的就有十几二十个，最耀眼的是谁？有人说是袭人，有人说是晴雯，反正就是她们俩了，斗得最凶的也就是她们俩。争什么呢？不就是争个宝玉吗？袭人得到了他的身，晴雯得到了他的心，但是最后得到姨太太身份的是谁？是一路陪跑的麝月。麝月也不是个简单的角色，袭人的贤惠识大体她有，晴雯的伶牙俐齿，她有过之而无不及，但为什么自下而上的攻击力都集中在袭人身上，自上而下的攻击力都集中在晴雯身上呢？也很简单，袭人名不正言不顺，就摆出母仪怡红院的姿态，惹出众怒；晴雯溜肩膀水蛇腰，没事插着腰在园子里大骂小丫头，在正经主子眼里，就是犯忌。

麝月未必是有意为之，拿袭人、晴雯两个当挡风玻璃，不过事实还是这样，只有她这个陪跑的，熬到了"开到荼蘼花事了"的那一刻。

谁是谁的秘书

阿真最近对老板很有意见。她越来越发现秘书不好做，不小心就做成了丫鬟了。老板的老婆要出门、小孩要上学、丈母娘进医院、小舅子留学之类的杂事，竟然都会和她扯上关系。最变态的是，她一时忙乱，找不着老板小舅子的电话，问老板要，老板竟然批评她："你当我是你秘书啊，要我帮你查电话号码。"

阿真很委屈，一面痛骂老板没人性，摆臭架子，一面就幻想全世界最善解人意的完美老板贾宝玉什么时候能够出现。我说我一向不觉得贾宝玉这样的花架子有什么用，生存能力极差，跟他混恐怕要带累自己。阿真很认真地翻书出来找证据给我看。原来袭人姐姐不在家，晴雯这些小妖精在家里闹翻了天，着了凉要请医吃药，到给大夫车马钱的时候，麝月就说："花大奶奶还不知搁在哪里呢？"宝玉道："我常见他在螺甸小柜子里取钱，我和你找去。"丫头竟还不如百事不管的宝玉，这可真是笑话了。

二人来到宝玉堆东西的房子，开了螺甸柜子，上一格子都是些笔墨、扇子、香饼，各色荷包，汗巾等物，下一格却是几串钱。于是开了抽屉，才看见一个小簸箩内放着几块银子，倒也有一把戥子。麝月便拿了一块银子，提起戥子来问宝玉："那是一两的星儿？"宝玉笑道："你问我？有趣，你倒成了才来的了。"麝月也笑了，又要去问人。宝玉道："拣那大的给他一块就是了。又不做买卖，算这些做什么！"麝月听了，便放下戥子，拣了一块掂了一掂，笑道："这一块只怕是一两了。宁可多些好，别少了，叫那穷小子笑话，不说咱们不识戥子，倒说咱们有心小气似的。"那婆子站在外头台矶上，笑道："那是五两的锭子夹了半边，这一块至少还有二两呢！这会子又没夹剪，姑娘收了这块，再拣一块小些的吧。"麝月早掩了柜子出来，笑道："谁又找去！多了些你拿了去吧。"

阿真看到悲痛欲绝，说她这个秘书做成了丫头还让人骂，人家做丫头，啥也不知道，银子放哪里竟然要宝玉这个闲人告诉她，问了三个弱智问题，也没见主子翻脸说："我不是你秘书。"想想袭人拼了老命，得了姨娘的例钱，一个月也不过二两银子，二两银子还够刘姥姥一家吃一个多月的，可见是笔大数目。麝月也不用商量，眼也不眨地就赏出去了，这才是秘书们的理想生涯。

不过，我提醒阿真，这个麝月如此纵容下去，这辈子恐怕都学不到认戥子这个丫鬟的基本职业知识了。倘若有朝一日她被炒鱿鱼，出门去求职，面试的时候有一道题偏偏考到戏子问题，她不就傻了眼了？老板虽然都有些变态，甚至希望自己的秘书是个万事通，上知天文下知地理，大到国家的GDP（国内生产总值）增长，小到如何疏通下水道，远到中东的石油问题，近到市内公共交通路线，他全指望门口那个女秘书装在心里头。可见的确没有让老板给秘书做秘书的道理。

恩恩相报何时了

国产电视连续剧《大宅门》出续集了，我很喜欢。追着电视看了不算，还买了DVD（数字化视频光盘）回家日夜研究。因本人坚信只有做生意才能发财，《大宅门》中里白文氏重振大宅门的经历给了我很多生意场上的启蒙教育。后来《大宅门2》开播，我也兴致勃勃每天换很多个电视台前后打乱地跟着乱看，满心以为又有东西学，没想到大部分都在讲白家同日本鬼子、国民党反动派作地下斗争，为革命作出了很大贡献，虽然也很好看，不过与本话题就没太大关系了。

当看到老年忠仆郑老屁为了讨七老爷高兴，生生让两斤大饼卷肉给噎死了的时候，我心里就咯噔一下，暗叫不好，此事必然埋下祸根，他日郑家贫农后代一定回来清算，一面又唏嘘不已，想起一句老话叫"不怕人对你不好，最怕人对你太好。"中国人最讲情意，滴水之恩就要涌泉相报，因此从古到今义主忠仆的故事写满了历史书和文学书，还专门拍了一个《红楼丫头》的戏，我没有看过，不知道对这些丫头们都有什么评价。但是以我看，最称得上忠仆的，不是那要替老太爷管子孙的焦大，不是拿着老太太私房钥匙的鸳鸯，不是挨了心窝子一脚也不吱声的袭人，更不是秦可卿死了以后她那撞柱自尽的丫头瑞珠，而是潇湘馆里那个情试宝哥哥的紫鹃。

说起来也是有趣，紫鹃本是老太太身边的二等丫头，想来容貌、言行也并不怎么出色，平日里看她说话、做事也小心谨慎，是个不喜出头的人。有林妹妹出场的地方，她通常都在一旁跟着，但让人记得住说得出的，就那么几件事。记得有一次，紫娟说："我们姑娘来时，原是老太太心疼他年龄小，虽有叔伯，不如亲父母，故此接来住几年。大了该出阁时，自然要送还林家的。难不成林家的女儿在你贾家一世不成？林家虽贫到没饭吃，也是世代书宦之家，断不肯将他家的人丢在亲戚家，落人的耻笑。所以早则明年春天，迟则秋天。这里纵不送去，林家亦必有人来接的。前日夜里姑娘和我说了，叫我告诉你：将从前小时玩的东西，有他送你的，叫你都打点出来还他。他也将你送他的打叠了在那里呢。"狠狠地吓唬了宝玉一次，惹得宝玉发了狂，差点送了条性命。

然后宝玉病好了些，紫鹃就回了黛玉身边，晚上吹上了枕头风，说自己倒是一片真心为姑娘。替你愁了这几

198

年了，无父母、无兄弟，谁是知疼着热的人？趁早儿老太太还明白硬朗的时节，作定了大事要紧。俗语说，"老健春寒秋后热"，倘或老太太一时有个好歹，那时虽也完事，只怕耽误了时光，还不得称心如意呢。公子王孙虽多，哪一个不是三房五妾，今儿朝东，明儿朝西？要一个天仙来，也不过三夜五夕，也丢在脖子后头了，甚至于为妾、为丫头反目成仇的。若娘家有人有势的还好些，若是姑娘这样的人，有老太太一日还好一日，若没了老太太，也只是凭人去欺负了。所以说，拿主意要紧。姑娘是个明白人，岂不闻俗语说："万两黄金容易得，知心一个也难求"？

后来，薛姨妈在潇湘馆说要把林妹妹说给宝玉，紫鹃就兴兴头头跑出来插话，说姨太太既有这主意，为什么不和太太说去？薛姨妈哈哈笑着打了个岔，这事儿就完了。

最后一次便是高鹗写的宝玉要成亲，叫她去完成调包记，她给人一脸色，不肯去。当林妹妹死后，宝玉去哭丧，紫鹃夹枪带棒把人数落了一顿，看得我心里真痛快。不过这几次表现，无一例外都是替她主子出头就是了。紫鹃的结局如何，有说是跟了惜春出家了，有说是送了林妹妹的灵柩回南方，从此守灵一生再没回来的。若是出家，二八韶华就陪了那青灯古佛，若是守灵，紫鹃原是北方人，抛别家园万里傍孤魂，总是凄清两个字就是了。

紫鹃不是一个有私心、有欲望的人，她的主子就算是如愿嫁了宝玉，她也未必就做姨太太，只因为林妹妹拿了真性情待她，她便拿了真性情还她主子。因此有时候想，倒不如找王夫人作主子，你待我不好，我才有理由待你更不好，不用拿条命出来搏了。更何况，紫鹃这样感性的行为，在如今的职业经理人看来，说不定还要摊上一个不够职业的评语。

假如我是雪雁

假如我是雪雁，假如上天再给我重来一次的机会，我一定会选择不登上那条去京城的船，随主子迈进贾府的朱红大门。但是假如我已经进了贾府的门，即使上天再给我一次重来的机会，我依然会扶着红盖头下的薛宝钗，走进喜烛燃放的洞房。

林如海出身列侯世家，功名进阶，少年探花娶得公府小姐为妻，官拜巡盐御史。就算我高考发挥失常，历史只考了六十多分，我也知道巡盐是个肥差，再两袖清风，一年两次冰敬和炭敬都不会少。林如海独生爱女抛父进京都，随身只带了两个人，一个奶娘，极老，老到林黛玉在贾府十年，她依然健壮如故；一个丫头雪雁，极小，小到十年的时间也洗不脱她脸上的孩子气——这不符合常理。奶娘和母亲一样，也许没有选择，但选择带什么样的丫头进京，想必林黛玉还是有自主权的，毕竟也许将来在京都漫长的岁月里，只有这个从家乡来的丫鬟陪伴左右。如果你是林黛玉，你会选一个什么样的人陪你呢？也许是聪明解事，帮得上手的；也许是温柔体贴，会安慰人的；也许是性情投契，脾气相投的。

可惜，无论雪雁是哪种类型，她都已经彻底被定义成一个永远孩子气的丫鬟，一个苍白、单薄的没有性格的名字，一个代号，仅仅代表着林黛玉同遥远的那个江南之地的一点若有若无的关系而已。扶着林黛玉走过潇湘馆结满青苔的地面的不是她，听贾宝玉温柔地说："若得你家小姐共鸳被，哪舍得你铺床叠被"的不是她，用手帕接住林黛玉口中咳出的一点猩红的血的也不是她，是紫鹃。贾府里别的丫头，家生的奴才有父母，唱戏的丫头有干妈，做久了的丫头有自己的手帕交，拜姐妹，而她，或许只有林黛玉闲暇时掠过的思乡的眼风而已。

里面床上的病人已经只有出的气，没有进的气，外面管事的人来请，说前面用得着紫鹃。紫鹃是不肯去的，李纨叹气道："当真这林姑娘和这丫头也是前世的缘法儿。倒是雪雁是她南边带来的，她倒不理会。唯有紫鹃，我看他两个一时也离不开。"任是谁，此时也大概冷淡了那事主尽忠的心，换上新衣服，离了愁云惨雾的潇湘馆，往那鼓乐喧天的洞房而去。

假如我是雪雁，假如上天给我一次重来的机会，纵使主子巧舌如簧，天花乱坠，将那荣国府说成遍地黄金的地方，我也不会再去。除非，主子肯同我签一张永不过期的合同，升职加薪，永为第一心腹。

论香菱的不识时务

什么样的书算得上一本好书呢？《红楼梦》就是一本
好书。这是句大废话，也是句大实话。道学家们看了直摇
头；少男少女们看得心情澎湃，血脉贲张；红学家们看出
很多考据癖。张爱玲写了一本《红楼梦魇》，我看了觉得
比《红楼梦》还难懂，至于我，也就看出一点八卦，没事
闲来磕牙。

在这儿，我随便说谁好谁不好，总有人站出来送鲜
花，也总有人跳出来拍板砖，唯独有一个人，我每每一说
她的坏话，收到的既不是鲜花也不是板砖，而是大大的一
个白眼，"人家已经够可怜的了，你还要挑刺，也太没同
情心了。"

其实我也觉得她挺可怜的，不过套句俗话说，对于
她而言，"原来生活可以更美的"。这里说的，就是那原
本生在乡宦人家，殷实家底的甄英莲，冯渊秀才的梦中情
人，呆霸王薛蟠的小老婆，后来改了名字叫香菱的丫头。
香菱这孩子嫁了薛霸王，贾琏也说："方才我见姨妈去，
不妨和一个年轻的小媳妇子撞了个对面，生的好齐整模
样。我疑惑咱家并无此人，说话时因问姨妈，谁知就是上

京来买的那小丫头，名叫香菱的，竟与薛大傻子作了房里人，开了脸，越发出挑得标致了。那薛大傻子真玷辱了他！"薛姨妈刚开始还不愿意这门亲事，怕自己不争气的儿子害了人家姑娘。薛大少为了上手，可是足足跟薛姨妈打了一年的饥荒，姨妈看着香菱模样儿好，其为人行事，却又比别的女孩子不同，温柔安静，差不多的主子姑娘也跟她不上呢，故此摆酒请客的费事，明堂正道的与她作了妾。可见薛姨妈还真是喜欢这个丫头的。大少爷虽然糊涂莽撞，凤姐说他得到了香菱不知道珍惜，过了没半月，也看得马棚风一般了。我倒觉得还算不错了，那年凤姐跟宝玉中了魔法，园子里挤满了人的时候，薛蟠更比诸人忙到十分去：又恐薛姨妈被人挤倒，又恐薛宝钗被人瞧见，又恐香菱被人臊皮，可见心里还是有她的。

香菱自己刚开始没心没肺，连爹娘都不记得，所以也不会觉得太委屈。问题就在这里了，当时皇商薛家可就剩下这个大少爷了，大老婆没进门，薛姨妈也就是个碎嘴没主意的老太太，姑娘虽然精明能干，到底没出阁，黄花大闺女也不好抛头露面，可是这么些年香菱却好似从来不知道搭把手管管家里的事，一出场就是摘花弄草憨解了一条石榴裙。薛蟠号称出门去学做生意，她就高兴坏了，忙不迭地跟宝钗进了园子，香菱道："我原要和奶奶说的，大爷去了，我和姑娘做伴儿去。又恐怕奶奶多心，说我贪着园里来玩，谁知你竟说了。"宝钗笑道："我知道你心里羡慕这园子不是一日两日了，只是没个空儿。就每日来一趟，慌慌张张的，也没趣儿。所以趁着机会，越性住上一年，我也多个做伴的，你也遂了心。"香菱笑道："好姑娘，你趁着这个工夫，教给我做诗吧。"

从此就是跟着那群富贵闲人学咏月，人有一点追求文化知识的心是好的，只不过像她那般入魔忘我，乃至百事不理就不像话了。她竟是不晓得未雨绸缪，建立自己的势力和地盘，站稳了脚跟，让薛家离了她不行了，再有多少时间，作多少诗也由得她了。她却在薛蟠娶大老婆的前夕，还在兴致勃勃地跟宝玉说："我也巴不得早些过来，又添一个做诗的人了。"倒是宝玉冷笑道："虽如此说，但只我听这话不知怎么倒替你担心虑后呢。"香菱听了，不觉红了脸，正色道："这是什么话！素日咱们都是厮抬厮敬的，今日忽然提起这些事来，是什么意思！怪不得人人都说你是个亲近不得的人。"

结果，夏金桂挟大房的淫威而来，她立刻兵败如山倒，挨了打受了气，终究只留下本《断肠集》。总结起来，也就是贪玩，没有危机意识，不喜欢工作，终于被残酷的竞争淘汰。

莫说我在这里站着说话不腰疼，古时候妻妾有分，妾终究地位低下，上不了台面。现成可是有样板学的，红顶商人胡雪岩著名的罗四太太，也是小老婆，还是在大老婆在的时候进的门呢。结果其手段高明，会旺夫，能挣钱，台面上做得漂亮，家里管得整齐，不仅作了当家的奶奶，老太太还特意赏她出门可以穿红裙子，享受大老婆级待遇。

可见有时候被老板欺负不要怪命苦，自己平常少点玩乐，多点心眼，说不定这命就不似这般苦了，小老婆时来运转，也能当了大老婆的家。

也说袭人之改嫁

说袭人是改嫁，其实是冤枉她了，毕竟她跟宝玉虽有结发夫妻之实，却也是没过明路的，按晴雯的话说，"也不过跟我们似的，连个姑娘还没挣上，哪里就称起我们来了。"不过林妹妹既然连嫂子都叫了，还拿她跟一般丫头一样看待，也说不过去，所以姑且称她后来是改嫁了蒋玉函的吧。

曾经说香菱，受了老公的殴打，大老婆的冤枉，还是哭着喊着不肯出薛家的门。这个坏毛病，不只薛家的人有，贾府的人更严重。像坠儿这种没头没脸的偷了平儿的镯子，让大丫头晴雯打骂了一顿，自己做主撵出去的小丫头不算，但凡有头脸的丫头，都是宁死不愿出贾府的大门的。金钏儿，被王夫人一翻身起来打了一巴掌，只是跪在地上求饶，说再不敢了，求主子不要撵她出去。王夫人说她作出这样下贱的事来，断不能留，她出去就跳了井了。晴雯当日跟宝玉拌嘴，宝玉说要撵她出去，她就哭着说就是一头撞死了，也不出这个门。王夫人作主要赶她出去，没了法子，没几天就病死了。司棋让她自己的亲戚找出了与表哥私通的罪证，传为大观园的笑柄，她还指望她的"二木头"主子替她说话，留下来。迎春说："保了你，我也不能活！"

芳官那几个唱戏的丫头，韶华正好，芳年玉貌，王夫人唤她们干娘来领去，"就赏他外头自寻个女婿去吧。把他的东西一概给他。"别人求还求不来呢，谁知道过了两日，芳官等三个的干娘走来，回说："芳官自前日蒙太太的恩典赏了出去，他就疯了似的，茶也不吃，饭也不用，勾引上藕官蕊官，三个人寻死觅活，只要剪了头发做尼姑去。我只当是小孩子家一时出去不惯也是有的，不过隔两日就好了。谁知越闹越凶，打骂着也不怕。实在没法，所以来求太太，或者就依他们做尼姑去，或教导他们一顿，赏给别人作女儿去吧，我们也没这福。"

王夫人听了道："胡说！哪里由得他们起来，佛门也是轻易人进去的！每人打一顿给他们，看还闹不闹了！"这件事，我是站在王夫人一边的，无缘无故的，不去另寻条活路，非得去了水月庵剪了头发作尼姑。上面提到的那几个死的，都还有些缘由，芳官等三人寻死却是为什么呢？说芳官跟宝玉有点暧昧吧，也就算了，黛玉的藕官、宝钗的蕊官总没那些个事了吧，年轻轻的姑娘，虽然不会服侍人，却还有一门唱戏的手艺，竟然不善加利用，也不肯自己找个人嫁了，一夫一妻地过着快活的日子，非要去庵里过下半辈子，我想不明白她们的心思。

　　说回袭人，当年她哥哥花自芳要赎她出去，在自己家里自在地作姑娘，她也是哭得跟个泪人儿似的，说什么都不愿，反倒数落了她哥哥一顿："当日原是你们没饭吃，就剩我还值几两银子，若不叫你们卖，没有个看着老子、娘饿死的理。如今幸而卖到这个地方，吃穿和主子一样，也不朝打暮骂。况且如今爹虽没了，你们却又整理的家成业就，复了元气。若果然还艰难，把我赎出来，再多掏澄几个钱，也还罢了，其实又不难了。这会子又赎我做什么？权当我死了，再不必起赎我的念头！"好像赎她出去的想法，实在是对不起天地良心，有违人伦道德似的。看她那架势，应该是生作贾家的人，死作贾家的鬼了。

　　后来究竟怎么嫁人的，高鹗续得糊涂，胡乱给了个理由就把袭人嫁了，我是比较相信红学家们分析出来的结果，那就是袭人为了某种无法违抗的原因，嫁蒋玉函，日后却因缘际会，收留了难中的宝钗和麝月，也算是报了恩了。这么说起来，无论袭人是什么原因嫁出去的，结局总是比留在贾府要好得多。

　　袭人改嫁，心里多少还是有点不愿意，委委屈屈上的花轿，书里说她原来想寻死，可是死在贾家，怕贾家的面子上过不去，回了家，又怕老母亲跟哥哥伤心，就想着过了门再死。等过了门，跟蒋玉函对了对汗巾子，原来还是旧相识，作戏子的又温柔体贴，于是才慢慢死了寻死的心。

　　不过有一个大丫头却走得痛快。当初，很小的时候了，宝玉为了奶娘李嬷嬷喝了他指名要冲三次的一杯茶，一生气就把一个叫茜雪的丫头撵了出去，后来再没提她，想必撵得痛快，走得也干脆。但是红学家们说，后来宝玉犯事关在狱神庙里的时候，这个茜雪不念旧恶，前来探望他，还很是帮了一点忙的。可见茜雪出了荣国府，活得还挺不错。

说了半天故事，无非想说明一个道理：让老板炒了鱿鱼，实在没什么值得看不开的。福祸相依，世上的事从来都没有绝对。

第六章

闲人满地走

花无百日红，人无百岁长

先前曾经说过，贾府中起到上联下通枢纽作用的大
丫头们，主子们离不了，于是她们就作了姨娘了。没作姨
娘的，像邢夫人的陪嫁，王夫人的陪嫁，更厉害，嫁了管
家作了管家娘子，除了在老太太、太太面前要赔个小心之
外，也是前呼后拥，坐卧有人服侍，行动有人打点，小
姐、小爷们见了她们，也要含笑让座，听她们教训，派头
十足。

说到这个秘书部门，个中翘楚，个人认为当首推鸳
鸯。书中称赞一个人，说她不错，就说算得上是鸳、平、
紫、袭一流的人物，可见鸳鸯除了心细周到，温柔体贴，
把那个享了几十年福的"人精"老太太哄得服服帖帖之
外，长相也是相当不错的。只可惜，平儿是收了房的丫
头，袭人是上头默认的姨娘，黛玉若能嫁得出，紫鹃是铁
定的陪房，这些都是看得到结果的人，只有鸳鸯的结果，
不知道落在哪里。

邢夫人为人、做事一向让人看不起，说什么话都觉得
她没水平。不过她给老公做媒去找鸳鸯时说的，我倒觉得
还有几分道理。邢夫人道："你知道你老爷跟前竟没有个

可靠的人，心里再要买一个，又怕那些人牙子家出来的不干不净，也不知道毛病，买了来家，三日两日，又要死鬼吊猴的。因满府里要挑一个家生女儿收了，又没个好的：不是模样儿不好，就是性子不好，有了这个好处，没了那个好处。因此冷眼选了半年，这些女孩子里头，就只你是个尖儿，模样儿、行事做人，温柔可靠，一概是齐全的。意思要和老太太讨了你去，收在屋里。你比不得外头新买的，你这一进去了，进门就开了脸，就封你姨娘，又体面，又尊贵。你又是个要强的人，俗话说的，'金子终得金子换'，谁知竟被老爷看重了你。如今这一来，你可遂了素日志大心高的愿了，也堵一堵那些嫌你的人的嘴。"

　　看鸳鸯不太情愿的样子，邢夫人又劝道："难道你不愿意不成？若果然不愿意，可真是个傻丫头了。放着主子奶奶不做，倒愿意做丫头！三年两年不过配上个小子，还是奴才。你跟了我们去，你知道我的性子又好，又不是那不容人的人。老爷待你们又好。过一年半载生个一男半女，你就和我并肩了。家里人你要使唤谁，谁还不动？现成主子不做去，错过这个机会，后悔就迟了。"我觉得说起对小老婆的态度，邢夫人算不错的了，看贾赦天天在家寻欢作乐，老太太都说，老爷如今上了年纪，作什么左一个小老婆右一个小老婆放在屋里，没的耽误了人家。放着身子不保养，官也不好生作去，成日在家和小老婆喝酒。可见作贾赦的屋里人，其实还算自在，邢夫人说的这些话也不全是假话。

一直都奇怪鸳鸯自己心里到底是怎么打算的。就算没有贾赦硬要娶她作小这档子事，就算老太太一时半刻都离不得她，她心里究竟有没有想过自己的将来呢？老太太房里是没有一个老太爷等着收她作小了，再说她自己也斩钉截铁地表明了立场——不作小老婆的。当然，如果她愿意作小老婆的话，就用不着我在这儿担心了，那些爷们还不得抢着要老太太跟前的红人。鸳鸯也是二十好几的人了，虽说是家生的奴才，又不愿意作小老婆，但是回老太太一句，管家嫁不着，管家儿子总是可以嫁的吧，嫁完了也能照样进来服侍着，老太太虽然自私一点，却也没道理霸着一个二十几岁的姑娘不让嫁人。

　　但是鸳鸯终究没有作这个打算，反而拿剪刀绞了半绺头发，在老太太面前发了个毒誓："因为不依，方才大老爷越性说我恋着宝玉，不然要等着往外聘，我到天上，这一辈子也跳不出他的手心去，终究要报仇。我是横了心的，当着众人在这里，我这一辈子莫说是'宝玉'，便是'宝金'、'宝银'、'宝天王'、'宝皇帝'，横竖不嫁人就完了！就是老太太逼着我，我一刀抹死了，也不能从命！若有造化，我死在老太太之先，若没造化，该讨吃的命，服侍老太太归了西，我也不跟着我老子娘哥哥去，我或是寻死，或是剪了头发当尼姑去！若说我不是真心，暂且拿话来支吾，日后再图别的，天地鬼神，日头月亮照着嗓子，从嗓子里头长疔烂了出来，烂化成酱在这里！"跟贾赦闹了个势不两立，结下了这个冤家。

后来除了见了宝玉，越发要避讳，不理他之外，其他一无异处，照样尽心尽力服侍老祖宗——可是花无百日红，人无百岁长，老太太终究是要归西的，没有了老太太，她在贾府也没有了价值，没有了保护，贾赦这时候大概就要动手整治她了吧。有红学家研究说，老太太死后，鸳鸯原本也没有打算殉主的，全是贾赦那个坏蛋逼她自尽的。

可见人的善良忠心虽然是个好品格，但是在一棵树上吊死了终究不太值得。入了大公司虽好，但有几个行业一直兴旺发达，有几家公司能一帆风顺做到百年老店，屹立不倒的？在公司有老板罩着，有错有老板撑腰，让你人五人六的，但是没有长命百岁永远不死的老太太，也不会有永远在台上疼你、关照你的老板，"人走茶凉"才是人间常态。有空的时候常常想想，没了老板怎么办，才能防止一朝天子一朝臣的悲惨下场。

OFFICE防"羊"术

看李碧华^①的文章，说起当年《霸王别姬》找演员的时候，本想找姜文演段小楼，后来觉得姜文一味刚猛，不如

---

① 李碧华，女，祖籍中国广东台山，出生、成长于香港。作家、编剧，代表作品有《霸王别姬》、《青蛇》、《秦俑》、《胭脂扣》、《生死桥》、《饺子》、《诱僧》等。

张丰毅，眼角带一点桃花。又看到别的文章说当年选贾宝玉的演员，也是找了许多英俊潇洒的，都不如最后定的欧阳奋强，一脸的桃花。这个眼角面上的桃花究竟是什么样的，我琢磨了许久也没有弄明白，后来想，大致是说男人眼角眉梢，也带着风情，女人看了忍不住会扑上去的意思吧。

段小楼这个辜负了一个女人，还辜负了一个风华绝代的男人的人，我也懒得提他，只说这个满脸都是桃花的贾宝玉，专在女儿堆里打滚的爱好，现在却不见得如何吃香。如果现在有个男人，不论老少美丑，敢在微博或是微信上喊一声，我是贾宝玉，我敢担保人民群众滔滔的口水会把他淹死，其中必定有本人的两只粉拳在内。

不过环顾四周，贾宝玉的恶习延绵了百年，成为很多男人身上挥之不去的癖好，我姑且称之为"桃花病"。贾宝玉这个病患得不轻，他还没出场冷子兴就在千里之外同些闲人说，这贾宝玉将来必是个色鬼。幸好贾宝玉天下第一知己贾雨村帮他说了几句话："今当运隆祚永之朝，太平无为之世，清明灵秀之气所秉者，上至朝廷，下及草野，比比皆是。所余之秀气，漫无所归，遂为甘露，为和风，洽然溉及四海。彼残忍乖僻之邪气，不能荡溢于光天化日之中，遂凝结充塞于深沟大壑之内，偶因风荡，或被云催，略有摇动感发之意，一丝半缕误而泄出者，偶值灵秀之气适过，正不容邪，邪复妒正，两不相下，亦如风水雷电，地中既遇，既不能消，又不能让，必至搏击掀发后始尽。故其气亦必赋人，发泄一尽始散。使男女偶秉此气而生者，在上则不能成仁人君子，下亦不能为大凶大恶。置之于万万人中，其聪俊灵秀之气，则在万万人之上，其乖僻邪谬不近人情之态，又在万万人之下。若生于公侯富贵之家，则为情痴情种，若生于诗书清贫之族，则为逸士高人，纵再偶生于薄祚寒门，断不能为走卒健仆，甘遭庸人驱制驾驭，必为奇优名倡。"这一说又好像有点道理，贾宝玉就是那投身公侯富贵家的秀气，段小楼就是投身寒门，作了奇优名倡的了。

　　且说贾宝玉进了太虚幻境，警幻仙子猛夸了他是天下第一淫人，又添了个"注脚"，说："非也淫虽一理，意则有别。如世之好淫者，不过悦容貌，喜歌舞，调笑无厌，云雨无时，恨不能尽天下之美女供我片时之趣兴，此皆皮肤淫滥之蠢物耳。如尔则天分中生成一段痴情，吾辈推之为'意淫'。'意淫'二字，惟心会而不可口传，可神通而不可语达。汝今独得此二字，在闺阁中，固可为良友，然于世道中未免迂阔怪诡，百口嘲谤，万目睚眦。"实际是世人误会了也。更双手奉上自己的妹妹兼美。自此后贾宝玉就到处占女孩子便宜。也不知道是当时民风开放，还是丫鬟们实在没有什么反抗意识，又或者贾宝玉的性骚扰手段甚是高超，我就看不惯宝玉见了丫头就抱着吃嘴上的胭脂的德行，最好配上旁白，"大功告成，亲个嘴儿。"就活脱脱一个韦小宝了。

　　鸳鸯是老太太的人，宝玉回头见她穿着水红绫子袄儿，青缎子背心，束着白绉绸汗巾儿，脸向那边低着头看针线，脖子上戴着花领子。宝玉便把脸凑在她脖项上，闻那香油气，不住用手摩挲，其白腻不在袭人之下，宝玉涎皮笑道："好姐姐，把你嘴上的胭脂赏我吃了吧。"一面说着，一面扭股糖似的粘在身上。不仅是丫鬟，连哥哥们的小老婆，宝玉都是要逮个机会献个殷勤，心里才舒坦的。香菱是以傻乎乎著称的也就罢了，那日凤姐生日多喝了两口，回家撞见贾琏跟鲍二家的在家里胡搞，还说等凤姐死了，就把平儿扶正之类的话。两口子大闹起来，都打平儿出气，平儿气得没法，逃进了大观园。宝玉于是让她去了怡红院，一面替哥哥嫂子赔不是，一面吩咐了小丫头们舀洗脸水，烧熨斗来。平儿素习只闻人说宝玉专能和女孩儿结交，宝玉素日因平儿是贾琏的爱妾，又是凤姐的心腹，故不肯和他厮近，因不能尽心，也常为恨事。今日得了机会服侍平儿，他是喜出望外，平儿也是喜出望外由他服侍着理妆。

洗了脸又劝平儿要擦些胭脂，宝玉忙走至妆台前，将一个宣窑瓷盒揭开，里面盛着一排十根玉簪花棒，拈了一根递与平儿。又笑向他道："这不是铅粉，这是紫茉莉花种，研碎了兑上香料制的。"平儿倒在掌上看时，果见轻白红香，四样俱美，摊在面上也容易匀净，且能润泽肌肤，不似别的粉青重涩滞。然后看见胭脂也不是成张的，却是一个小小的白玉盒子，里面盛着一盒，如玫瑰膏子一样。宝玉笑道："那市卖的胭脂都不干净，颜色也薄。这是上好的胭脂拧出汁子来，淘澄净了渣滓，配了花露蒸叠成的。只用细簪子挑一点儿抹在手心里，用一点水化开抹在唇上，手心里就够打颊腮了。"平儿依言妆饰，果见鲜艳异常，且又甜香满颊。宝玉又将盆内的一枝并蒂秋蕙用竹剪刀撷了下来，与他簪在鬓上。

看完了，心里还是别扭。宝玉对这些胭脂水粉的熟悉和热爱我就不说了，他房里搁着这些东西，是干什么用的呢？这等精致的玩意儿，也不像是给他的丫头们用的，难道就是自己留着玩？

色狼们大多披着形形色色的羊皮外衣，打着温柔体贴或者解语之草的名号大行其道。香菱跟平儿，为着这个心里还感激宝玉体贴，我怎么看都觉得是被人骚扰而不自知。

人力负资产

不知道"负资产"这个词，就看不了香港的报纸电视，因为不论哪天的报纸，新闻还是副刊，也不论这个电视剧是喜剧还是悲剧（当然，古装片除外），负资产都是萦绕不去的一个主旋律。

不过在内地，我们现在身边真正负资产的人还不太多，所以我们有足够良好的心态去嘲笑香港人的草木皆兵。但是，大家不要以为，我们能够傲然独立，不买楼、不买车就能和负资产绝缘了。其实，职场之中有一种更可怕，更有杀伤力的负资产，从来就在我们身边虎视眈眈，这就是我所说的人力负资产了。

我的朋友阿梅新招了一个下属，刚开始，她欢天喜地跑来说，那个女孩子面试的时候看起来就不一样，一脸的机灵相，学历、长相都不错，英文又好，又会说话，像是个拿得出手的人，好好培养培养，将来一定能帮得上手。从此，阿梅不辞辛苦，下了好大功夫日夜调教，但凡有机会都带上她出去历练，见世面，老板面前有机会就替她说好话，算是不遗余力。

不过没多久，阿梅很快就放弃了对她的希望，因为自从让她一个人开始独立处理业务之后，阿梅终于发现一个人的外表和能力之间的差距可以有多大。那个女孩子，基本上每天打着谈事的旗号出去，下班才回来，一脸疲惫，倒不是偷懒，的确在谈，不过谈了差不多一个月，都没有谈成一件事。阿梅接手过来，三两下就谈完了。之后派给她的活，基本上也是谈一件砸一件，得罪了无数客户。阿梅忍无可忍，总结说这个女孩子简直就是魔鬼筋肉人，每个月毁灭的价值，远远大于她创造的价值，简直对不起国家和人民，活脱脱是公司的人力负资产！

我问她究竟打算拿那个女孩子如何，阿梅叹气说，此人进公司，是签了合同的，如果提早解约，公司还要赔她一笔钱，阿梅也是骑虎难下，左右为难。我想到大观园里那十二个唱戏的姑娘，遣散入了园子，看起来风光旖旎，桃红柳绿，在王夫人看来，这些人也是一堆负资产。这些女孩子学了几年的戏，扮了些才子佳人的故事，眉梢眼底的勾搭，比一般丫头精通许多，服侍人的专业技术却是一点不会。芳官连把汤吹凉，都要现教，袭人也说她："你也学着些服侍，别一味呆憨呆睡"。去厨房传个信说宝玉想吃什么，厨房里柳家的便诧异说："今儿怎么遣你来说这么要紧的一句话"。可是那几个唱戏的女孩子还偏偏团结得很，成日好狠斗勇，都是个不服输的。莫说自己的干娘，因为偏心洗头的时候欺负了芳官，就先大闹了一场，连半个主子，正在当家的三姑娘的妈赵姨娘也敢打。

这事怎么说，都是芳官不对在先，蕊官送她蔷薇硝，贾环见了要，她不舍得给，要换一包给他，偏偏又没了，麝月便说："这会子且忙着问这个，不过是这屋里人一时短了。你不管拿些什么给他们，他们哪里看得出来？快打发他们去了，咱们好吃饭。"芳官听了，便将些茉莉粉包了一包拿来。贾环见了就伸手来接。芳官便忙向炕上一掷。贾环只得向炕上拾了，揣在怀内，方作辞而去。这态度先就不端正，贾环还不错，送了给彩云，彩云说不是蔷薇硝，是茉莉粉，贾环也说都一样，拿着用吧。赵姨娘不高兴，也没错，丫头欺负到主子头上来了，这还了得，赵姨娘又是那么争强好胜的性格，说道："依我，拿了去照脸摔给他去，趁着这回子撞尸的撞尸去了，挺床的便挺床，吵一出子，大家别心净，也算是报仇。莫不是两个月还找出这个碴儿来问你不成？便问你，你也有话说。宝玉是哥哥，不敢冲撞他罢了。难道他屋里的猫儿、狗儿，也不敢去问问不成！"

赵姨娘也不答话，走上来便将粉照着芳官脸上撒来，指着芳官骂道："小淫妇！你是我银子钱买来学戏的，不过娼妇粉头之流！我家里下三等奴才也比你高贵些的，你都会看人下菜碟儿。宝玉要给东西，你拦在头里，莫不是要了你的了？拿这个哄他，你只当他不认得呢!好不好，他们是手足，都是一样的主子，哪里你小看他的！"芳官哪里禁得住这话，一边哭，一边说："没了硝我才把这个给他的。若说没了，又恐他不信，难道这不是好的？我便学戏，也没往外头去唱。我一个女孩儿家，知道什么是粉头面头的！姨奶奶犯不着来骂我，我又不是姨奶奶家买的。'梅香拜把子……都是奴儿'呢！"袭人忙拉他说："休胡说！"赵姨娘气得便上来打了芳官两个耳光。袭人等忙上来拉劝，说："姨奶奶别和他小孩子一般见识，等我们说他。"芳官挨了两下打，哪里肯依，便抬头打滚，泼哭泼闹起来。口内便说："你打得起我么？你照照那模样儿再动手！我叫你打了去，我还活着！"便撞在怀里叫他打。

当下藕官、蕊官等正在一处作耍，湘云的大花面葵官，宝琴的豆官，两个闻了此信，慌忙找到他两个说："芳官被人欺侮，咱们也没趣，须得大家破着大闹一场，方争过气来。"四人终是小孩子心性，只顾他们情分上的义愤，便不顾别的，一齐跑入怡红院中。豆官先便一头，几乎不曾将赵姨娘撞了一跌。那三个也便拥上来，放声大哭，手撕头撞，把个赵姨娘裹住。晴雯等一面笑，一面假意去拉。急得袭人拉起这个，又跑了那个，口内只说："你们要死！有委曲只好说，这没理的事如何使得！"赵姨娘反没了主意，只好乱骂。蕊官、藕官两个一边一个，抱住左右手，葵官、豆官前后头顶住。四人只说："你只打死我们四个就罢！"芳官直挺挺躺在地下，哭得死过去。虽说赵姨娘形象不好，这事说起来，却也实在不成体统。

之后芳官也没闲着，到厨房去传个话，忽有一个婆子手里托了一碟糕来。芳官便戏道："谁买的热糕？我先尝一块儿。"蝉儿一手接了道："这是人家买的，你们还稀罕这个。"柳家的见了，忙笑道："芳姑娘，你喜吃这个？我这里有才买下给你姐姐吃的，他不曾吃，还收在那里，干干净净没动呢。"说着，便拿了一碟出来，递与芳官，又说："你等我进去替你炖口好茶来。"一面进去，现通开火炖茶。芳官便拿了热糕，问到蝉儿脸上说："稀罕吃你那糕，这个不是糕不成？我不过说着玩罢了，你给我磕个头，我也不吃。"说着，便将手内的糕一块一块地掰了，掷着打雀儿玩，口内笑说："柳嫂子，你别心疼，我回来买二斤给你。"小蝉气得怔怔的，瞅着冷笑道："雷公老爷也有眼睛，怎不打这作孽的！他还气我呢。我可拿什么比你们，又有人进贡，又有人作干奴才，溜你们好上好儿，帮衬着说句话儿。"这话骂得好，芳官正事不做，闲事不少，又要把柳五儿运作进怡红院，又是送玫瑰露的，日后又是闹出一场大祸来，连五儿的性命都断送了。

我劝阿梅回去看了两遍王夫人赶芳官时候说的那番话，阿梅很快就决定提早解约，从此与那个女孩子就再无瓜葛了。

多少风流，多少折堕

想当初，香港前财政司司长梁锦松正色告诫香港人，当年日子过得太好，不知为将来打算，如今经济不景气就怨天尤人，其实就应了那句老话，有多少风流就有多少折堕。当时梁锦松身居高位，抱得我们跳水皇后伏明霞大美人归，过门不久便有弄璋弄瓦之喜，风头一时无两。只是再想不到还未风流多久，便曝出丑闻，旋即辞职，政治前途就此黯淡无光，于是他告诫港人的金玉良言，却成了自己的笑柄。

可惜了这么有教育意义的故事，我们那段时间丝毫不曾有将这句话作为座右铭，时刻鞭策自己的意思，反而处处攀比，争相竞打"风流工"，打上了风流工的更是沾沾自喜，绝对不以为耻，反以为荣。我是出名赚钱买花戴的，但是跟我那些风流工一族的朋友相比，我就相形见绌了，而他们更是堂而皇之给打"风流工"下定义为：在最小的工作压力下，赚取合理的报酬。还振振有词地说，这个世界报酬高又容易做的工作太少了，所以要找一份"风流"的工作并持续地打下去，可是有大学问。

不过据我冷眼旁观，他们所谓的打"风流工"，最"风流者"当属太子给老爸打工，退而求其次就是陪太子读书。我的一个朋友同他老板可谓是双剑合璧，老板年近四十，据说信用卡账还要他的有钱老爸支付，开了家公司，只能请一个人，却号称某某国际公司，什么都想做，什么都做不成，而我的朋友身为他的唯一手下，也是只管听从老板吩咐，老板指哪儿他就假装打哪儿，当然是假打，因为就算是真打，过了几天老板也是必定转了主意改弦更张的。我们看得眼睛都红绿了，就天天在他耳边说有多少风流就有多少折堕啊。朋友却微微一笑，淡然回答，未必。

从前有个公务员队伍中的败类名叫贾雨村，虽才干优长，未免有些贪酷之弊，且又恃才侮上，那些官员皆侧目而视。不上一年，便被上司寻了个空隙，以"生情狡猾，擅纂礼仪"且沽清正之名，而暗结虎狼之属，致使地方多事，民命不堪等语。龙颜大怒，即批革职。该部文书一到，本府官员无不喜悦。那雨村心中虽十分惭恨，却面上全无一点怨色，仍是嬉笑自若，交代过公事，将历年做官积的些资本并家小人属送至原籍，安排妥协，却是自己担风袖月，游览天下胜迹。

后来贾雨村游到维扬地面，偶感风寒，病在旅店，将一月光景方渐愈。一因身体劳倦，二因盘费不继，也正欲寻个合式之处，暂且歇下。幸有两个旧友，亦在此境居住，因闻得嵯政欲聘一西宾，贾雨村便相托友力，谋了进去，且作安身之计。这份职业虽然不是陪太子读书，却是教太子女读书，这份工，也算得上天字第三号的"风流工"了。况且只一个女学生，并两个伴读丫鬟，这女学生年又小，身体又极怯弱，功课不限多寡，故十分省力。堪堪又是一载的光阴，谁知女学生之母贾氏夫人一疾而终。女学生侍汤奉药，守丧尽哀，遂又将辞馆别图。林如海意欲令女守制读书，故又将他留下。近因女学生哀痛过伤，本自怯弱多病的，触犯旧症，遂连日不曾上学。贾雨村闲居无聊，每当风日晴和，饭后便出来闲步。

这份工作的风流，不在于每日午后的闲散，却在太子女的老爸身上。他日京中起复旧员，面谋之如海。如海道："天缘凑巧，因贱荆去世，都中家岳母念及小女无人依傍教育，前已遣了男女船只来接，因小女未曾大痊，故未及行。此刻正思向蒙训教之恩未经酬报，遇此机会，岂有不尽心图报之理。但请放心。弟已预为筹划至此，已修下荐书一封，转托内兄务为周全协佐，方可稍尽弟之鄙诚，即有所费用之例，弟于内兄信中已注明白，亦不劳尊兄多虑矣。"

贾雨村就靠林如海的一封荐书，拜入了贾政名下，彼时贾政已看了妹丈之书，即忙请入相会。见雨村相貌魁伟，言语不俗，且这贾政最喜读书人，礼贤下士，济弱扶危，大有祖风，况又系妹丈致意，因此优待雨村，更又不同，便竭力内中协助，题奏之日，轻轻谋了一个复职候缺，不上两个月，金陵应天府缺出，便谋补了此缺。机缘凑巧，在金陵又糊里糊涂判了个葫芦案，卖给薛家一个人情，从此和四大家族都搭上了关系，没过几回又靠了贾政的小舅子王子腾累上保本，作了京官，最后官至大司马①。贾雨村年少时作的"玉在匣中求善价，钗于奁中待时飞"到了此时才有了完美的注解。

这虽然是一个比较极端的例子，但是用朋友的话说，打"风流工"，进可攻，退可守，就算日后不能飞黄腾达，至少不会过劳死，算来算去，还是划算。

革命就要请客吃饭

我们原来经常晚上加班，日子一长就算没事也拖拖拉拉搞到月上柳梢头还不肯回家，反正一群孤男寡女，作鸟兽散地回家看电视也没什么乐趣，不如在公司免费上网，完了就拉主任出去吃夜宵，运气好的话还能去酒吧卡拉OK，一晚上逍遥。一年下来花了主任很多钱，相熟的店认得我们这群人之后，买单的时候自然会把账单递到主任面前去，我们就更吃得理所当然起来。

凤姐跟林妹妹说，喝了他们家的茶，就要给他们家作媳妇，我们吃了主任这么多顿饭，虽然不用以身相许，但

---

① 大司马，中国古代对中央政府中专司武职的最高长官的称呼。

多少总要给点回报。我们身为穷鬼，一无所长，也只有任劳任怨，任主任驱驭，以报他的宵夜之德。我相信主任的做法是值得提倡的，所以当我一个新近升任小经理，手底下管了三四个人的朋友说部门同事不太听话的时候，我就倾囊相授，背了一段我的偶像凤姐的语录给她听。告诉她当年姐妹们要凤姐入诗社，作一个监社御史，专门管纪律问题。凤姐心里明白得很，她说道："哪里是请我作监社御史！分明是叫我作个进钱的铜商。你们弄什么社，必是要轮流作东道的。你们的月钱不够花了，想出这个法子来拗了我去，好和我要钱。"但是她更明白的一个道理是："我不入社花几个钱，不成了大观园的反叛了，还想在这里吃饭不成？明儿一早就到任，下马拜了印，先放下五十两银子给你们慢慢作会社东道。过后几天，我又不做诗作文，只不过是个俗人罢了。'监察'也罢，不'监察'也罢，有了钱了，你们还撵出我来！"

朋友听完若有所思，我便好人做到底，趁热打铁带她出席一次我们日常的夜宵，以观摩学习主任和我们称兄道弟、互吐心声的感人场面。

朋友吃完了宵夜，做茅塞顿开状，千恩万谢地去了。过了几日，她怒气冲冲打上门来，说我这个办法完全没有用，还害她浪费了60元钱。我大吃一惊，问道："你，浪费了60元钱？"她答道："对啊，我们部门来了个新同事，我跟她说，我们部门气氛不好，希望她来了，能调和一下，带来一些新的血液，所以我请他们中午去了公司大厦旁边新开的一个湘菜馆，午市特价四人套餐一共60元钱。不过吃饭的时候大家好像都心不在焉，气氛异常沉重。等吃完了回公司，我偷听到她们在洗手间里说，他们晚上要自己去聚餐，不带我，还要去吃上海菜。瞧我这不是白费劲了吗？"

　　我笑到几乎要趴在桌子上，直不起腰来。现在革命要请客吃饭是没错，但是不能温良恭俭让。尤其是这个"俭"字，是最要不得的。湘云要入大观园的诗社，也要先请一社，作一次东。事事周到的宝姐姐就说："既开社，便要做东。虽然是玩意儿，也要瞻前顾后，又要自己便宜，又要不得罪了人，然后方大家有趣。"这话是至理，不过注意了，她这个便宜并不是省钱的意思，而是说要大方，要把事情做圆满。因为她紧接着就说了，你家里你又作不得主，一个月通共那几串钱，你还不够盘缠呢。这会子又干这没要紧的事，你婶子听见了，更抱怨你了。况且你就都拿出来，做这个东道也是不够。难道为这个家去要不成？还是往这里要呢？"做一个不好看的东道，还不如不做呢。说得湘云也就踌躇了起来，最后还是宝钗帮她策划："我们当铺里有个伙计，他家田上出的很好的肥螃蟹，前儿送了几斤来。现在这里的人，从老太太起连上园里的人，有多一半都是爱吃螃蟹的。前日姨娘还说要请老太太在园里赏桂花吃螃蟹，因为有事还没有请呢。你如今且把诗社别提起，只管普通一请。等他们散了，咱们有多少诗作不得的。我和我哥哥说，要几篓极肥极大的螃蟹来，再往铺子里取上几坛好酒，再备上四五桌果碟，岂不又省事又大家热闹了。"湘云听了，心中自是感服，极赞她想得周到。

最后在藕香榭里，桂花树底下漂漂亮亮地摆了几席。从老太太、太太，一直到鸳鸯、平儿、袭人、紫鹃，连周姨娘、赵姨娘，都打发人送了几个热螃蟹去。湘云上下招呼，反倒没吃上几口。这才是做东请吃饭的样儿，不能比凑份子的时候可以自管自烤了鹿肉大吃大嚼的。

朋友听完了，也叹气说："我说是经理，每个月比他们也多不了两千块钱，要是天天请他们吃大闸蟹，我不成替他们打工了。"我就幸灾乐祸地说："想吃白食，就跟我似的要被人奴役，想做经理，你就要舍得拿孩子去套我们这些白眼狼，看着办吧。"

企业文化有没有诚意?

华人男演员里，我最喜欢黄秋生，因为他靓仔（对不起，我的品位向来有些对不起大众），也因为他老人家够夸张，能一面在香港金像奖的典礼上背双城记，一面几十年如一日接烂片拍到手软——因为有钱收。第二位是某年突然上位后来又说得了恶疾的杜汶泽，因为他不够靓仔所以排位靠后，入选原因依然是够夸张。当朱军问他身为非影帝而和影帝同台演出，是不是觉得演砸了也是应该的时候，他很大声地回答说："不行，我收了钱的。"

我喜欢这样不讳言自己爱赚钱，同时收了钱就要办事的专业精神，因此当我的朋友阿梅告诉我他们公司最近的一件事情的时候，我坚决站在了她的一边。阿梅公司最近要举办公司成立×周年庆典，老板突发奇想，认为应该趁这个机会进行一下爱公司、爱行业的思想道德教育，同时加强企业文化建设，因此决定周年庆典期间，每天下班以后大家集中学习公司历史和行业分析报告，为期一个星期。最后一天将包下一个音乐厅，各部门举行歌唱比赛。在这里我不方便说出该音乐厅的名字，规格大概相当于北京的长安大剧院。

因为思想教育的时间大家并没有为公司的业务作贡献，因此不算加班时间，另外各部门领导为了表示自己对企业文化的重视，每天中午组织练习合唱。等这个周年庆典终于过去的时候，阿梅瘦了。我问她公司音乐会开得怎么样，她仰天长叹道："我们那老板以为自己是王菲，亲自上台给我们唱首歌就当是福利了。这样的企业文化，还不如给每个人发一斤苹果，吃完了还能剩几个核呢。"

我哈哈大笑说："企业文化是精神文明建设的市场版本，我们一定要提高思想意识，相信一个有文化的公司才是有前途的公司。"阿梅冷笑道："蒙谁呢，你看《红楼梦》里但凡忠心的丫头，断然没有被主子克扣工钱，刻薄对待的。鸳鸯够忠心的，老祖宗的百宝箱都在她手心里，爱给谁给谁，多有面子。袭人够忠心的，她主子可是连身子都给了她了，这个好处比百宝箱还大。就连凤姐多手紧的一个人，袭人回家她还拿出自己衣服首饰，把人家打扮打扮才出门。林黛玉多清高的一个人，宝玉让小丫头佳蕙来送茶叶，正赶上老太太给她送钱，正分给丫头们呢，也抓了两把给佳蕙，宝钗让婆子来送燕窝，她不是也拿朵花，写首诗纪念一下当作精神文明建设，还得抓一把钱给人家才算完事。"

最后阿梅总结道："我一定要跳槽，找一个世界上最没文化的公司，天天给我发钱就成。"

人分三六九等

现在讲中小学教育问题的电视剧里，经常会出现这样的剧情，学校要给学生按照成绩排名次，还要张榜公布，结果很打击学生的自尊心和自信心，造成严重的心理问题。我父亲，作为一个教了30多年书的老教育工作者，每当看到这样的情节，都会冲上去殴打电视机，怒斥它"危言耸听，混淆视听，误人子弟。"他也经常会寻求我的精神支持，我便站出来大声说："就是，贴个名次榜，成绩好的继续保持，成绩不好的就要继续努力迎头赶上，多好的事啊。"其实，我心里还真不知道这名次榜到底好还是不好。当年我成绩不错，次次高居榜首，这榜在我看来根本就是本人的一张光荣榜，其他人的心理，我是体会不到的。

不过上了班，我的好日子就到头了。当年在报社作记者，要手勤、脚勤、脑子勤，像我这样情绪型选手，很容易一个月暴寒，一个月暴热，产量非常不稳定。可报社却月月在电梯口张贴红白榜，写上某某人上月好稿多少篇，写得如何精彩，某某人上月竟然没有完成任务，或者稿件中犯下多少严重错误。我终于领会到了强大的压力和难堪的耻辱，于是趁某日宵夜之便，撺掇我们主任去同领导说，取消这个侵犯隐私权的做法。

主任斜着眼睛对我道："你这样三曝九寒的性子，就该拿这个榜刺激刺激，你才知道改正。平时说你，你哪里听得进去。"我强辩道："贾宝玉生了病，丫头们服侍了一场，要论功行赏，分出了三六九等，小丫头们意见可大了。没看佳蕙小丫头说，'可也怨不得，这个地方难站。就像昨儿老太太因宝玉病了这些日子，说跟着服侍的这些人都辛苦了，如今身上好了，各处还完了愿，叫把跟着的人都按着等儿赏她们。我们算年纪小，上不去，我也不抱怨，像你怎么也不算在里头？我心里就不服。袭人哪怕她得十分，也不恼她，原该的。说良心话，谁还敢比她呢？别说她素日殷勤小心，便是不殷勤小心，也拼不得。可气晴雯，绮霰他们这几个，都算在上等里去，仗着老子娘的脸面，众人倒捧着他去。你说可气不可气？'你说是鼓励竞争，莫非小丫头们为了多得赏钱，日后也争相同宝玉有点什么才好？这叫鼓励不正当竞争，绝不可取。"

主任正色道："贾府这个法子其实也不错，提高士气最好的办法就是奖赏，现在大家这么实际，给点钱就加把劲。只不过公司要控制成本，不能动不动就赏钱，所以就要利用我们这样不服气的心理，正当竞争也好，暗处使劲也好，公司总是最大的赢家。"

我说："这法子太过自私，而且使用过度就不好了。否则长期看到名字高挂白榜，再无斗志，像小红这样的优秀人才，呆在怡红院里气息奄奄，了无生趣，长吁短叹道俗语说得好，'千里搭长棚，没有个不散的筵席'，谁守谁一辈子呢？不过三年五载，各人干各人的去了。那时谁还管谁呢。最后可不就白白流失到别家院里去了？"主任笑道："你拿自己比小红来吓唬我啊，小红是埋没了的优秀人才有人抢，你这样冒充优秀的偷懒人才，只怕没什么高枝等你去攀呢。"

黄浦江边喝鸡汤

在机场等飞机的时候是最无聊的，尤其是首都机场，里面也没什么名店免税品卖，都是些绫罗绸缎、脸谱泥娃娃骗外国人钱的东西，我们国人只好很有文化地都去逛书店。一逛吓了一跳，冲门口一架子全是张爱玲，她写别人，别人写她，密密麻麻足有十几种，倒是想不到她如今怎么突然就红成这样了。也不知这书店是有心还是无意，张爱玲旁边居然就摆着李鸿章，很超时空、后现代的感觉。

这两人是有些沾亲带故的，大致是李鸿章的女儿嫁给了张佩纶，张爱玲的爷爷。张爱玲对自己的出身还是很满意的，经常拿出来说，结果有个好事的人说她与李鸿章的关系，就好比黄浦江里淹死了一只鸡，整个黄浦江边的人民就都喝上了鸡汤一般。

我记性不好，这是谁说的我已经忘了，不过个人认为这句恶毒评论，当真是比张小姐全集加起来还高出两个档次，让我每次想起都不顾场合、时间、地点嗤嗤傻笑。其实张爱玲跟李鸿章的关系如果是黄浦江里淹死鸡，那我们可爱的刘姥姥和荣国府的关系，那可真是大西洋里淹死鸡了。话说那家京城人士姓王，祖上曾作过小小的一个京官，昔年与凤姐之祖王夫人之父认识。因贪王家的势利，便连了宗认作侄儿。刘姥姥是小王家，不过是亲家，与王夫人的王家，是压根没关系的。

不过刘姥姥想必在结小王家这个亲家的时候，对他家的祖宗八代都进行过一番彻底的调查研究，因此在狗儿生活困顿、无计可施的时候，她说这长安城中，遍地都是钱，只要想拿就有办法拿得到。狗儿不相信，她就说出了当年王家祖上跟老王家的这点攀龙附凤的关系："这倒不然。谋事在人，成事在天。咱们谋到了，看菩萨的保佑，有些机会，也未可知。我倒替你们想出一个机会来。当日你们原是和金陵王家连过宗的，二十年前，他们看承你们还好。如今自然是你们拉硬屎，不肯去亲近他，故疏远起来。想当初我和女儿还去过一遭。他们家的二小姐着实爽快，会待人，倒不拿大。如今现是荣国府贾二老爷的夫人。听得说，如今上了年纪，越发怜贫恤老，最爱斋僧敬道，舍米舍钱的。如今王府虽升了边任，只怕这二姑太太还认得咱们。你何不去走动走动，或者他念旧，有些好处，也未可知。要是他发一点好心，拔一根寒毛比咱们的腰还粗呢。"

然后又是她雄赳赳、气昂昂带着板儿去到荣国府，靠着跟王夫人陪房周瑞家的一点关系，因为昔年周瑞争买田地一事，其中多得狗儿之力，今见刘姥姥如此而来，周瑞家的一则心中难却其意，二则也要显弄自己的体面，顺利见到了当家凤姐。上前就道："今日我带了你侄儿来，也不为别的，只因他老子娘在家里，连吃的都没有。如今天又冷了，越想没个派头儿，只得带了你侄儿奔了你老来。"说着又推板儿道："你那爹在家怎么教你来？打发咱们作啥事来？只顾吃果子咧。"

好在凤姐是个场面上的人，胡乱应了这个没影子的侄子的说法，又哭了一趟穷，说家里外头看着虽是轰轰烈烈的，殊不知大有大的艰难去处，说与人也未必信吧。"今儿你既老远的来了，又是头一次见我张口，怎好叫你空回去呢。可巧昨儿太太给我的丫头们做衣裳的二十两银子，我还没动呢，你若不嫌少，就暂且先拿了去吧。"这可真是应了刘姥姥先前在家说的，有钱人家随便拔了根汗毛，

234

比他们的腰身还粗，一下子有了二十两银子过冬钱，立下了这番大功劳，从此刘姥姥在小王家的地位，也就不是被女婿接来过活的老岳母这么简单了。说来说去，就算是被人笑话在黄浦江边喝鸡汤又如何？

人到用时方恨少，今日是我跟你攀关系，他日掉转头说不准你得上赶子地跟我攀关系，本来这个职场也好，生意场也好，靠本事，也要靠关系。

不过前几天跟一老外聊天，那人可从来没去过中国，居然也会说"关系"，中文发音哦。大惊之余，本人决定以后抛弃"关系"这个词，改说人脉，反正意同词不同，这等职场秘笈，绝不能让老外轻松学了去。

老板替下属背黑锅

自从我学会了听广东话（听其实是不难的，就是怎么也说不像，就好像咱们英语再好，电话里一听，还是一中国人），不知怎么就爱上了看港产片，而且是不论电视、电影，统统打包接收，三五百集的《皆大欢喜》也日夜追看。不过不能不承认，他们的办公室剧是拍得好，虽然也有套路，但那些小心眼、偷鸡摸狗的事，看了只能说两个字："亲切"。

有一次在戏里看到说某经理，众人都觉得他无甚才干，却一心拥护他，因为他是个难得的"正人君子"。工作中大家偶有失误差错，大老板大发雷霆，通常都是把他抓到办公室里臭骂一顿，狗血淋头，他却一声不吭，把黑锅背到身上也不供下属出来顶包。看到这里不觉心想，若是自己撞大运，碰上这样的老板该有多好。可惜这个世道，我们所见的，却多是些脑不动，手不动，只有一张嘴，说完张三讲李四，功劳他领，黑锅别人背的老板。

让老板替下属背黑锅，其实是个太高的要求。且看大观园抄捡一场戏，虽然抄的是丫头们的东西，但有几个主子站出来说话？宝玉心爱的丫头晴雯挽着头发闯进来，豁一声将箱子掀开，两手捉着底子，朝天往地下尽情一倒，将所有之物尽都倒出，他也没说什么；黛玉只管睡着跟凤姐说闲话；李纨索性吃了药睡了，当没看见。惜春见从丫头入画房里搜出了男人的东西，入画只得跪下哭诉真情，说："这是珍大爷赏我哥哥的。因我们老子娘都在南方，如今只跟着叔叔过日子。我叔叔婶子只要吃酒赌钱，我哥哥怕交给他们又花了，所以每常得了，悄悄地烦了老妈妈带进来叫我收着的。"惜春胆小，见了这个也害怕，说："我竟不知道。这还了得！二嫂子，你要打他，好歹带他出去打吧，我听不惯的。"凤姐倒也还好，笑着给她台阶下道："这话若果真呢，也倒可恕，只是不该私自传送进来。这个可以传递，什么不可以传递，这倒是传递人的不是了。若这话不真，倘是偷来的，你可就别想活了，谁许你私自传送东西的！你且说是谁作接应，我便饶你。下次万万不可。"惜春忙道："嫂子别饶他这次方可。这里人多，若不拿一个人作法，那些大的听见了，又不知怎样呢。嫂子若饶他，我也不依。"这连台阶都懒得下，先划清界限要紧。迎春自己懦弱，有个强悍丫头司棋在，也帮她出了不少头，争了些气回来，遇上司棋跟表弟通奸证据确凿，出了事，她只说："我知道你干了什么大不是，我还十分说情留下，岂不连我也完了。"我就想不明白，她好歹是贾府的正经主子，头上顶着一个贾字，在这府里能玩到哪里去？丫头这样赶出去，却是连命都要陪上的，真难为她怎么说得出口，因此无论她日后如何受那中山狼的气，我都不同情她。

好在大观园里总算有个敢担当，有作为的好主子，就是探春。大观园谁家院子都翻了个遍，就秋爽斋没抄，因为探春挺身而出，说道："我们的丫头自然都是些贼我就是头一个窝主。既如此，先来搜我的箱柜，他们所有偷了来的都交给我藏着呢。"说着便命丫头们把箱柜一齐打开，将镜奁、妆盒、衾袱、衣包若大若小之物一齐打开，请凤姐去抄阅。凤姐赔笑道："我不过是奉太太的命来，妹妹别错怪我。何必生气。"因命丫鬟们快快关上。平儿、丰儿等忙着替待书等关的关，收的收。探春道："我的东西倒许你们搜阅，要想搜我的丫头，这却不能。我原比众人歹毒，凡丫头所有的东西我都知道，都在我这里收着，一针一线他们也没的收藏，要搜所以只来搜我。你们不依，只管去回太太，只说我违背了太太，该怎么处治，我去自领。你们别忙，自然连你们抄的日子有呢。"

敢说这番话，第一，自然是平日里对下人整治有方，心里有计较但不会有事，才能把所有事都揽上身来。第二，也树了威信。第三，难得撞上这么一个肯罩着下属的老板，莫说风里雨里，就真是要去那爪哇国，跟着去也是愿意的。

奶对了孩子喂饱了娘

从理论上说，曹雪芹的曹家的发家史，最大功劳应该记在上祖曹振彦身上。想当初曹家被满洲贵族抓去作了正白旗包衣，虽然入了旗籍，进了内务府，但身份是内务府的奴隶，实在是很低下。还是曹振彦随清军入关的时候，立了些战功，曹家才富贵起来的。但是大部分人都只记得曹振彦的儿媳妇，奶大了康熙，才有了后来的曹家世袭江宁织造一事。

恕我冒昧说句不中听的话，我觉得曹雪芹肯定是"吃奶便是娘"这个观念的坚决拥护者，孝顺是理所当然的。却看那日元春封了贵妃，府里兴兴头头要打点省亲的事，一时贾琏的乳母赵嬷嬷走来，贾琏、凤姐忙让吃酒，令其上炕去。赵嬷嬷执意不肯，要在脚踏子上坐。贾琏向桌上拣两盘肴馔与他放在杌上自吃。凤姐又道："妈妈很嚼不动那个，倒没硌了他的牙。"因向平儿道："早起我说那一碗火腿炖肘子很烂，正好给妈妈吃，你怎么不拿了去赶着叫他们热来？"又道："妈妈，你尝一尝你儿子带来的惠泉酒。"赵嬷嬷道："我喝呢，奶奶也喝一盅，怕什么？只不要过多了就是了。"

赵嬷嬷原不是为喝酒来，倒是为她的两个亲儿子讨差事来了。"我们这爷，只是嘴里说得好，到了跟前就忘了我们。幸亏我从小儿奶了你这么大，我也老了，有的是那两个儿子，你就另眼照看他们些，别人也不敢龇牙的。我还再四地求了你几遍，你答应得倒好，到如今还是燥屎。这如今又从天上跑出这一件大喜事来，哪里用不着人？所以倒是来和奶奶来说是正经，靠着我们爷，只怕我还饿死了呢。"

凤姐于是笑道："妈妈你放心，两个奶哥哥都交给我。你从小儿奶的儿子，你还有什么不知他那脾气的？拿着皮肉倒往那不相干的外人身上贴。可是现放着奶哥哥，哪一个不比人强？你疼顾照看他们，谁敢说个不字儿？没的白便宜了外人。"

我虽然喜欢凤姐，但也不否认她是个势利的人，有用得上的，就百般奉承，用不上的，眼皮子都懒得抬起来看一眼。赵嬷嬷身为贾琏的乳母，虽然有些地位功劳，但也不见得要凤姐这样舌头跟沾了蜜似的去讨好，忙不迭地替两个奶哥哥安排了肥差，跟贾蔷下江南去办聘请教习，采买女孩子，置办乐器行这样的头等大肥差。这情形，怎么看我都觉得把凤姐换成康熙，把赵嬷嬷换成曹家老太太，天衣无缝。

不知道曹雪芹写到这里的时候有没有暗骂皇帝不像话，把老祖宗的奶哥哥家给抄了个底朝天。其实我真觉得他也该知足了，曹家祖孙任江宁织造长达60多年，康熙一朝隆宠不绝，康熙六下江南，五次住在他们家，这风光，就像贾琏说的："当年就算人家告咱们家谋反都不怕。"曹老太太奶的这个孩子，还算是奶着了的。

比比那些奶不着的孩子，贾宝玉绝对算一个。李嬷嬷劝他别喝酒，虽然扫兴，受了林黛玉一顿说，也就算了。无趣的是宝玉趁着酒劲在老太太跟前说："他比老太太还受用呢，问他作什么！没有他只怕我还多活两日。"回头宝玉吃了半碗茶，忽又想起早起的茶来，因问茜雪道："早起沏了一碗枫露茶，我说过，那茶是三四次后才出色的，这会子怎么又沏了这个来？"茜雪道："我原是留着的，那会子李奶奶来了，他要尝尝，就给他吃了。"宝玉听了，将手中的茶杯只顺手往地下一掷，豁啷一声，打了个粉碎，泼了茜雪一裙子的茶。又跳起来问着茜雪道："他是你哪一门子的奶奶，你们这么孝敬他？不过是仗着我小时候吃过他几日奶罢了。如今逞的他比祖宗还大了。如今我又吃不着奶了，白白的养着祖宗作什么！撵了出去，大家干净！"说着便要去立刻回贾母，撵他乳母。

这话听了，着实寒心，不知道曹雪芹是不是有感而发，还是雍正真的曾经觉得这个老爹的奶妈家里要这要那的太麻烦，不如撵了出去大家干净。只是发现作奶妈也有个站队的问题，站错了队，一辈子没落着好，反而受尽了气。人生真是处处都是选择。

没有最讨厌，只有更讨厌

　　职场中有几条颠扑不破的真理，虽然是本人自己胡乱总结的，但说出来总有人鼓掌欢呼，大声道说得对。比如，隔壁办公室那个天天花枝招展的是个狐狸精；旁边桌子那个师奶是个八婆，老偷听人讲电话；刚毕业那个小伙子是个马屁精，对老板唯命是从，还老背后踩同事……当然最百发百中、弹无虚发的一句话首推：老板是个讨厌鬼。

　　老板总是没有十全十美的，讨厌的老板各有各的讨厌之处，不过真是应了那句话，没有最讨厌，只有更讨厌。朋友老田最近新加盟了一家跨国公司，据他说那些以为自己什么都懂的上司虽然很讨厌，但是如果是一个假装自己什么都比别人站得高、看得远、理解得透彻的外国人上司，那就更讨厌了。老田的经验是，不论是来自美国中西部小镇，还是加拿大某人口不到10万的所谓城市，或是生平第一次走出英伦岛国的外国人，在中国人面前总喜爱扮演有见识、见过世面，骨子里的优越感都不知道是从哪里来的。

要是这个上司不幸还会说几句中文，那就更不得了了。老田的公司里还有几个中国人，很不幸，他们对中国文化的了解实在一般，有一个竟然不知道炎黄子孙这个说法是怎么来的。老板就沾沾自喜，得意洋洋地大声说他都知道炎黄是什么，并以此为案例，四处宣扬。一时之间，那个同事简直成了汉奸卖国贼，清洁工见了他都恨不得给他上一堂中国文化常识普及课程。

　　老田说，那个同事虽然可恨，但是老板更可恨，人总有不懂的东西，可是到了老板那里，这就成了愚昧无知，而他自己则成了当年漂洋过海的传教士或者白求恩了。老田的心理我很理解，他对他洋老板的厌恶差不多相当于我对栊翠庵道姑妙玉的厌恶。

　　关于妙玉的来历，林之孝家的这样说道："……外有一个带发修行的，本是苏州人氏，祖上也是读书仕宦之家。因生了这位姑娘自小多病，买了许多替身皆不中用，到底这位姑娘亲自入了空门，方才好了，所以带发修行，当时才18岁，法名妙玉。父母俱已亡故，身边只有两个老嬷嬷，一个小丫头服侍。文墨也极通，经文也不用学了，模样儿又极好。因听见'长安'都中有观音遗迹并贝叶遗文，去岁随了师父上来，现在西门外牟尼院住着。他师父极精演先天神数，于去冬圆寂了。妙玉本欲扶灵回乡的，他师父临寂遗言，说他'衣食起居不宜回乡。在此静居，后来自然有你的结果'。所以他竟未回乡。"王夫人不等回完，便说："既这样，我们何不接了他来。"林之孝家的回道："请他，他说'侯门公府，必以贵势压人，我再不去的。'"王夫人笑道："他既是官宦小姐，自然骄傲些，就下个帖子请他何妨。" 林之孝家的答应了出去，命书启相公写请帖去请妙玉。次日遣人备车轿去接了来。

这个妙玉口中说嫌弃侯门公府，必以贵势压人。王夫人肯下个帖子请她，满足了她的虚荣心，也便施施然到大观园里作个家养的道姑，替侯门公府装点起门面了，先前那话，便成了做作。

妙玉跟刘姥姥的矛盾也是时常被人拿来说的，盖因贾母一干人等虽然也是拿刘姥姥取笑开心，带了她来逛，说要喝茶，妙玉亲自捧了一个海棠花式雕漆填金云龙献寿的小茶盘，里面放一个成窑五彩小盖钟，捧与贾母。贾母道："我不吃六安茶。"妙玉笑说："知道。这是老君眉。"贾母接了，又问是什么水。妙玉笑回："是旧年蠲的雨水。"贾母便吃了半盏，便笑着递与刘姥姥说："你尝尝这个茶。"刘姥姥便一口吃尽，笑道："好是好，就是淡些，再熬浓些更好了。"贾母众人都笑起来。然后众人都是一色官窑脱胎填白盖碗。

这里就看出区别来了，贾母这个老太君是着实有些怜老惜贫的，要不也不至于将自己喝了一半的茶递给刘姥姥喝。妙玉这个跳出了红尘外的槛外人，不仅连这个她所谓看不上的豪门人家的老太太不喝六安茶都知道。刘姥姥喝过的茶盅是不能要的了，自己喝的绿玉斗却拿来与宝玉这个须眉俗物喝，另拿出两个我到现在还认不出来的茶具给宝钗和黛玉喝。黛玉喝不出什么水，妙玉冷笑道："你这么个人，竟是大俗人，连水也尝不出来。这是五年前我在玄墓蟠香寺住着，收的梅花上的雪，共得了那一鬼脸青的花瓮一瓮，总舍不得吃，埋在地下，今年夏天才开了。我只吃过一回，这是第二回了。你怎么尝不出来？隔年蠲的雨水哪有这样轻浮，如何吃得。"

看到这里，有人看出妙玉暗恋宝玉，更有人看出她出身不凡，这些茶具，贾府都寻不出来。我偏看出妙玉这个号称文墨极通，经书念到不用再念了，还拜了一个极精演先天神数的师父从小修行的道姑，这些年的经书还真是白念了——这般的势利、虚荣、穷讲究。难怪高鹗在后四十回中写妙玉要做春梦，又被强盗抓了去做压寨夫人，她本来也就是一假修行的伪道姑。

难怪真正的大学问家的讲话文章是平实的，真正的贵族待人是有礼貌的，只有半吊子的醋，才会晃到人人生厌，说人俗人的人，其实自己最俗。

先前曾经阔过的

说起来惭愧，四大名著我读囫囵了的时候还在小学，后来就是再看多少次，都看不全了。《水浒传》不用说，看到宋江被招安时，我就气极了；《三国志》里诸葛亮一死，他那个没用的学生姜维多次出祁山，毫无作为，看得我真着急，索性就不看了。

至于《红楼梦》后四十回说什么，现在都不太记得了，我就不免心中疑惑，当时为什么就看不下去了呢？后来仔细一研究，恍然大悟。原因有四点：

第一，从八十一回开始，高鹗让贾政盘查了一次贾宝玉的学问，林黛玉劝了一次宝玉要读书，宝玉去私塾，贾代儒又问了一次学问，回去温习了一次书，第二天又去了私塾听学究讲课，当真不是一般的闷。

第二，姑娘们的戏少了很多，林黛玉一出场就赤裸裸地打算自己跟宝玉的婚事，还作了一个巨恶俗的梦。妙玉做了一个春梦，走火入魔了，全成了一群特世俗的人。

第三，明写了许多官场之事，高鹗对贾政的政治生命非常关心，刻意给他添了许多戏份，将他塑造成一个忠君爱民的人民公仆形象，看了八十回的才子佳人，对封建家长贾政正在气头上，突然来这么一下，自然不喜。

第四，不知怎的，后几十回里的人，一开口我就觉得小家子气，不管是老太太、薛姨妈，还是王夫人，当年举止做派都很有派头的，如今就变成了一寻常没主见的老太婆。曹雪芹笔下什么东西都是有讲究的，连平儿丢了的虾须镯，后人都能写一大篇文章来考证是什么事物。可是高鹗写到抄家的时候，"赤金首饰共一百二十三件，珠宝俱全。珍珠十三挂，淡金盘两件，金碗两对，金抢碗两个，金匙四十把，银大碗八十个，银盘二十个，三镶金象筋两把，镀金执壶四把，镀金折盂三对，茶托两件，银碟七十六件，银酒杯三十六个。黑狐皮十八张，青狐皮六张，貂皮三十六张，黄狐皮三十张，猞猁狲皮十二张，麻叶皮三张，洋灰皮六十张，灰狐腿皮四十张，酱色羊皮二十张，狐狸皮二张，黄狐腿二把，小白狐皮二十块，洋呢三十度，毕叽二十三度，姑绒十二度，香鼠筒子十件，豆鼠皮四方，天鹅绒一卷，梅鹿皮一方，云狐筒子二件，貉崽皮一卷，鸭皮七把，灰鼠一百六十张，獾子皮八张，虎皮六张，海豹三张，海龙十六张，灰色羊四十把，黑色羊皮六十三张，元狐帽檐十副，倭刀帽檐十二副，貂帽檐两副，小狐皮十六张，江貉皮两张，獭子皮两张，猫皮三十五张，倭股十二度，绸缎一百三十卷，纱绫一百八一卷，羽线绉三十二卷，氆氇三十卷，妆蟒缎八卷，葛布三捆，各色布三捆，各色皮衣一百三十二件，棉夹单纱绢衣三百四十件。玉玩三十二件，带头九副，铜锡等物五百余件，钟表十八件，朝珠九挂，各色妆蟒三十四件，上用蟒缎迎手靠背三分，宫妆衣裙八套，脂玉圈带一条，黄缎十二卷。漕银五千二百两，赤金五十两，钱七千吊。"

曹雪芹在第五十三回写宁国府过年，倾铸预备赏人，给压岁钱的金银子，一倾就是一百五十多两黄金。贾府这样的人家，怎么会全部金器，只和宁国府一次节赏的数字不相上下呢？也许是高鹗太老实，不会编，也许是他已经尽力编了，也实在编不出点别的像样的东西来，因为他没见过。高鹗是东北人，大概从小野物兽皮见得多，所以金银古董贾府没抄出来，却抄出各种各样几百张皮草来，这也算是"作家在文学创作的时候通常以自己的生活作为素材"的最好注解了。

高鹗虽然是镶黄旗内务府人，但家贫官冷，追求功名的欲望极其强烈，却几次赶考不中，做过一段时间的私塾先生，最后才中了进士。可见一个人的经历、见识真的很重要，曹雪芹这个先前曾经阔过的穷人，顺手写来旧日豪门的烟华旧梦，栩栩如生。高鹗这个先前穷过的官宦，费了很大的劲，总不免写到经史仕途，学人写豪门，却落到几百年后被我这样一个穷人耻笑，也算是冤枉。

想明白这个道理，于是我心中暗暗下定决心，今生虽无福气托生在阔气人家，好歹要冲杀进巨头公司，也好长点见识，学点派头，到时候才能唬人。